386 세대유감

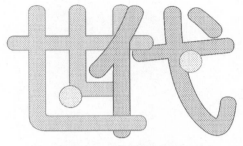

386 세대유감

386세대에게 헬조선의 미필적고의를 묻다

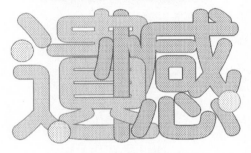

김정훈·심나리·김항기 지음 | **우석훈** 해제

웅진 지식하우스

괴물과 싸우는 사람은 그 과정에서
자신마저 괴물이 되지 않도록 주의해야 한다.
그리고 그대가 오랫동안 심연을 들여다볼 때
심연 역시 그대를 들여다본다.

—**프리드리히 니체**

∞∞∞∞ 읽는 내내 불편했고, 때론 통증마저 느껴졌다. 사회의 주도권을 잡은 지 어언 20년, 너무 오래 머물고 있다. 어제의 개혁이 내일의 부담으로 바뀌는 것이 세상의 이치, 이젠 비워주고 비켜설 때! "가야 할 때가 언제인지를 분명히 알고 가는 이의 뒷모습은 얼마나 아름다운가." 386 꼰대 세대의 한 사람으로서, 나에 대한 그리고 우리에 대한 아픈 분석과 깊은 호소를 주는 저자들에게 소주 한잔 사야겠다.

이철희 (국회의원, 『이철희의 정치 썰전』 저자)

∞∞∞∞ 미필적고의! 저자들은 '헬조선'의 책임을 386세대에게 과감히 물으며, 이들이 어떻게 한국 사회의 기득권이 되었는지를 정교히 분석한다. 누구는 목숨 바쳐 독재에 저항했다는 자부심에, 누구는 화염병을 함께 들지 않았다는 부채 의식에 너도나도 끌어주고 밀어주며 만든 세상은 과연 좋아졌는가? 1인분 부양조차 힘든 세상을 살아가는 지금의 젊은 세대들은 소싯적 무용담을 소환하여 끊임없이 인정받으려는 꼰대를 어떻게 바라볼까? 민주주의를 쟁취했다는 강박에서 벗어나 이제는 '좋은 어른'의 사회적 책무를 고민해야 하는 이들에게 권한다. **오찬호** (사회학자, 『우리는 차별에 찬성합니다』 저자)

∞∞∞∞   386세대가 20년간 사회적·정치적 기회를 과다독점했던 세대임은 분명하다. 자유와 정의를 위해 분투했던 그들은 존중받아야 하지만, 그들이 우물쭈물하는 사이에 대한민국은 달라졌고, 그들의 등을 떠미는 이런 책도 나와버렸다. 지금은 오랫동안 거머쥐었던 '차세대 리더'라는 정치적 지위를 물려줘야 할 때다. 꽃이 져야 열매를 맺는다.

박용진 (국회의원, 『재벌은 어떻게 우리를 배신하는가』 저자)

∞∞∞∞   386세대는 한국 사회에서 미래의 희망과 새로움을 상징하는 주술과 같았다. 우리 사회는 그들에게 파격적인 기회를 제공했다. 30년 넘는 시간 동안 정치는 물론이고 경제, 사회, 문화 전반에서 특혜를 독점했고 지금도 현재 진행형이다. 머리로는 정의를 세웠지만, 불공정한 일상이 게임의 규칙이었다.

『386 세대유감』은 한국 사회가 386세대에게 내미는 친절한 성적표다. 이 책을 읽고 당신들의 자리가 당신들의 힘만으로 쟁취해낸 것이 아니라는 것을 깨달을 수 있기를 바란다. 그리고 당신들이 한국 사회에 많은 빚을 졌다는 것도 잊지 말아야 한다. 차별을 차별이라 여기지도 못하고 살아가는 20대 청년들에게 보내야 할 것은 위로와 격려뿐이 아니다.

신지예 (녹색당 공동운영위원장)

세상이 나아질 수 없다고 믿는
당신과 나에게

386세대의 성공담을 들으며 20~30대를 보냈다. '대의'로 점철된 20대를 보낸 386세대의 눈에는 등록금, 연애, 취업이 인생최대 고민이었던 우리가 지질하게 보였을지 모른다. 그래도 사회에 나와 386세대와 몸도 부딪고 술잔도 부딪다 보니, 그들처럼이 사회에서 허리 구실은 충분히 할 수 있겠다는 자신감이 차올랐다. 그러나 우리의 자신감은 '넌 아직 어려'라는 말 앞에 여지없이 무너졌다. 시간이 갈수록 월급이 주는 찰나의 기쁨과 안도감에 취했고, '난 아직 어려'라고 스스로 최면도 걸었다.

어느덧 30대의 끝이 보이고 40대에 접어들었다. 벤처붐에 올라타 막대한 부를 거머쥐었던 누군가의 30대 혹은 대통령의 오른팔, 왼팔이라 불렸던 또 다른 누군가의 30대는 우리에게 신기

루 같았다. 헛된 꿈을 흘려보내며 '내 무능'을 탓했다. 윗세대의 충실한 심부름꾼이 되어 우리의 자그마한 능력이라도 알아봐주길 기다리고 또 기다렸다.

기다리는 줄은 점점 길어졌다. X세대와 밀레니얼세대 뒤에 Z세대가 서고, IMF 외환위기로 일찌감치 시장에서 퇴출당한 유신세대도 중간중간 보였다. 줄이 길어지니 그들 간의 싸움도 생겨났다. 연애, 결혼, 희망 등 삶에서 소중한 것들을 포기한, 아픈 20대 청춘의 삶은 물론 길게 늘어선 줄 위에서 30대, 40대의 삶까지 저당 잡혔다. 이러다 쉰 넘어서도 아프기만 할까 두렵다.

10여 년 전 아픈 청춘들은 '88만원 세대'라는 이름으로 불렸다. 그리고 이제야 우리를 그렇게 호명한 386세대에게 답을 하기로 마음먹었다.

●○○

이 책은 386세대에 대한 전면적인 분석과 비판의 논의를 펼친다. 1990년대에 처음 386세대라 명명된 이후 486을 넘어 586으로 이름을 바꿔 달아 'N86'이라 칭해지기도 하지만, 이들의 정체성을 가장 잘 드러내는 건 역시 386이다. 1960년대에 태어나 1980년대에 상당수가 대학을 다니며 격변의 현대사를 관통했다. 그리고 30대부터는 우리 사회의 주축을 담당하며 의사결정을 해왔다. 30대에 쥔 권력을 여전히 유지하는 이들에겐 386이라는 이름이 가장 잘 어울린다.

1부 '축복받은 세대, 저주받은 사회'에서는 시대적 상황이 각 세대에 미친 영향을 손익계산서로 계량화해 386세대가 누린 시대적 행운을 조명하고, 운이 능력으로 둔갑해 쓰인 성공 스토리의 왜곡된 자화상을 그렸다. 2부 '민주화 공로자인가 수혜자인가'에서는 민주화 훈장이 386세대 가슴에 독점적으로 달린 것이 과연 정당한지 물으면서 이들에게 공통으로 내재된 DNA를 밝히고자 했다. 3부 '헬조선과 386 전성시대'는 현재 우리 사회의 주요 병폐인 사교육, 부동산, 노동문제, 기득권 문화가 노골화되는데 386세대가 어떻게 적극적 가담 혹은 소극적 방관을 해왔는지 분석적으로 접근했다.

이어서 4부 '미필적고의'에서는 정의, 평등, 자유를 외쳤던 386세대의 자기 배신과 헬조선이 된 우리 현실을 두고 386세대에게 '미필적고의'에 대한 혐의를 묻는다. 마지막 5부 '게임체인저의 등장'에서는 오늘날 우리 사회를 약자들끼리의 의자게임에 비유해 게임의 운영자는 물론 게임판 자체를 바꿀 게임체인저의 필요성을 주장한다.

이 책이 목표한 주요 독자는 단연코 386세대다. '도대체 우리가 뭘 그렇게 잘못했길래 얘네들이 이러나' 하는 물음으로 책을 들어도 환영이다. 후배 세대가 왜 '헬조선'을 탓하며 '탈조선'을 꿈꾸는지 이해하고 고개를 끄덕일 수 있다면 절반의 성공일 것이다. 의도하지 않았지만 스스로 헬조선 속 가해자일 수도 있음을 인정한다면 금상첨화다. 바로 여기서부터 우리는 게임판을 바꾸기 위해 함께 머리를 맞댈 수 있을 것이다.

이 책은 또 '세상이 왜 이 모양이 된 거야'라고 묻는 후배 세대를 위한 것이다. '해도 안 된다'는 패배주의가 만연한 헬조선에 '하면 된다'는 믿음이 지배하던 시절이 분명 존재했었다. 우리가 원인 모를 수렁에 갇힌 게 아니란 걸 알고, 공적 토론의 장에서 세대별 손익계산서를 들이밀며 386세대의 미필적고의에 대한 혐의를 함께 물을 수 있다면 우리 저자들은 더없이 기쁠 것이다.

●○●

386세대에 관해 비판적 시각에서 이야기해야겠다고 마음먹은 것은 꽤 오래전의 일이다. 그러나 생업에 치여 한 해 두 해 시간만 보냈다. 386세대에 대해 양가감정이 있었기에 도마 위에 그들을 올리자니 부담도 없지 않았다. 그러다 같은 뜻을 품은 저자 셋이 의기투합을 하게 됐다. 집필을 시작하고 나니 마침 386세대에 대한 비판 담론이 여러 미디어를 통해 다뤄졌다. 386세대의 시대적 역할과 과제, 한계에 대한 논의도 십수 년째 기록되고 있다는 것 또한 책을 쓰는 과정에서 알았다. 우리의 문제의식이 더 낡고 후진 것은 아닌지 고민하면서도, 또 한편 우리의 생각과 감정이 비단 우리만의 것이 아닌 시대의 '상식'일 수도 있겠다 싶었다.

다만 우려스러웠던 것은 진보와 보수 이념 대결에 불필요한 불쏘시개 하나만 더 던져넣는 게 아닐까 하는 점이었다. 386세대를 정치권 특정 그룹으로 협소하게 이해하는 풍토가 있음을 알지만, 이 책을 훑어보기만 해도 우리가 이들 그룹으로 논의를 줍히지 않고 386세대 전반으로 논의를 넓히고 있음을 알 수 있을 것이다.

단순히 세대 갈등만 부추기는 게 아닐까 하는 걱정도 했다. 하지만 386세대의 문제는 더는 진보와 보수의 관점으로 나눠봐야 의미가 없는 '세대'의 문제가 된 지 오래다. 세대 간 이간질로 어부지리를 노리는 이들 때문에 엄연히 존재하는 갈등을 눈감을 수는 없다. 이미 곪기 시작한 갈등을 수면 위로 끌어내 함께 풀어보자는 취지이지, 세대 갈등을 부추겨 무언가를 얻고자 함은 아니다. 386세대를 발가벗겨 손가락질하려는 시도는 더더욱 아니다. 앞선 많은 고민 위에 벽돌 한 장 더 얹는 정도라도 기여할 수 있기를 바랄 뿐이다.

●○○

잠시 시계를 돌려 1980년 5월 18일과 1987년 6월 10일로 거슬러 가보자. 우리가 그 역사적 사건의 한복판에 서 있다면, 우리는 어떤 선택을 할 수 있을까? 무자비하게 시민을 짓밟는 계엄군에 대항해 총을 들고 싸울 수 있을까? 독재에 맞서 짱돌이든 죽창이든 들고 거리로 나설 수 있을까?

1987년 6월항쟁이 독재에 종언을 고하고 민주화라는 해피엔딩을 이루었다는 것을 우리는 잘 알기에, 영화 〈1987〉은 감동 어린 후일담으로 다가왔다. 그러나 결말을 모른 채 영화 속 장면과도 같은 현실에 놓인다면 어떨까? 존재 자체가 고통일 수밖에 없지 않을까?

1980년대 군부독재의 긴 장막 속에서 젊음이 한창이던 386세대도 그랬을 것이다. 독재정권과의 싸움에서 언젠가 승리하리라 믿었겠지만 그날이 오기 전에 내 젊음과 목숨이 먼저 소멸할지 모른다는 두려움이 컸을 것이다. 그들이 느꼈을 공포를 짐작하기란 쉽지 않다. 그 자리에 함께 있지 않고서는 감히 그들의 번뇌를 상상하기조차 힘들다. 이러한 많은 젊음의 희생이 모이고 모여 1987년의 광영이 이루어졌다는 것은 부인할 수 없는 역사적 진실이다. 그렇게 역사의 한 장면을 장식했던 사람들 가운데 일부가 386세대라는 것 또한 부정할 수 없다.

그러나 30년이 지난 오늘, 안타깝게도 386세대를 향한 날 선 분노와 조롱이 온라인 공간을 뒤덮고 있다. 386세대는 꿀 빨아먹고 헬조선 만든 세대, 사다리 걷어찬 세대, 무능한 꼰대 집단이라고 불린다. 지난 30년 동안 무슨 일이 있었던 것일까? 자유와 평등을 사랑하고 진보를 외쳤던 386세대가 주도해 만든 오늘의 세상이 더 불공평하고 더 정의롭지 못한 것은 아이러니다. 과연 누가 책임져야 하는가?

대한민국에서 가장 비대하고 가장 힘센, 사회 구석구석에서 의제설정 및 결정 권한을 가진 386세대에 정면으로 비판의 목소리를 내는 게 부담스럽지 않다면 거짓말이다. 그러나 386세대 내부에서 간간이 터져 나오는 자성의 목소리는 십수 년 동안 찻잔 속 태풍처럼 잔잔히 소용돌이치다 사그라들었다. 줄탁동시(啐啄同時)라고, 새가 알을 깨고 나올 때도 새끼와 어미가 안팎에서 동시에 쪼아야 한다. 역사상 어느 기득권도 스스로 권력을 내려놓지 않았다. 386세대에 속하지 않은, 그것도 윗세대가 아닌 아랫세대가 정색하고 꺼내놓는 첫 비판서라는 점에 저자들은 뿌듯함과 동시에 한없는 무게감을 느낀다.

비판의 과정에서 다소 과한 표현이 문제가 된다면 전적으로 저자들이 책임져야 할 몫이다. 사실관계에 오류가 있다면 이 역시 저자들의 책임이다. 여러 염려를 무릅쓰고 내놓은 우리의 이야기가 세대 간 이해의 폭을 넓히고 발전적 논의의 문을 여는 데 쓰인다면 바랄 나위가 없겠다.

● ○ ●

마지막으로, 이 책이 나오는 데까지 격려를 아끼지 않은 많은 이가 저자들 주변의 386세대 선배들이었음을 굳이 밝히고 싶다. 특히 '88만원 세대'라는 논쟁적 화두로 일찌감치 우리 사회에 일침을 놓은 주인공이자 스스로 386세대이기도 한 우석훈 교수가 선뜻 해제를 써주었다. 저자들에게 더할 나위 없는 큰 힘이 됐다. 더불어 이 책의 뜻에 공감하며 기꺼이 추천사를 써준 이철희, 박용진, 오찬호, 신지예 님과, 추천사 대신 소주 한잔을 약속한 많은 분께도 깊이 감사드린다.

부디 이 책이 세상이 나아질 수 없다고 믿게 된 당신과 나에게 작은 희망의 불씨를 안겨줄 수 있다면 더 바랄 것이 없겠다.

3부 헬조선과 386 전성시대

1부

축복받은 세대,
저주받은 사회

왜 기다려왔잖아 모든 삶을 포기하는 소리를
이 세상이 모두 미쳐버릴 일이 벌어질 것 같네
거 자식들 되게 시끄럽게 구네!
그렇게 거만하기만 한 주제에
거짓된 너의 가식 때문에
너의 얼굴 가죽은 꿈틀거리고
나이 든 유식한 어른들은
예쁜 인형을 들고 거리를 헤매 다니네
모두가 은근히 바라고 있는
그런 날이 오늘 바로 올 것만 같아

─ 서태지와 아이들, 〈시대유감〉(1995) 중에서

1

'N'86의
힘

우리는 사실 두 종류의 도덕을 동시에 가지고 있다.
하나는 입으로는 외치지만 실천하지 않는 것이고,
다른 하나는 실천하지만 말하지는 않는 것이다.
— 버트런드 러셀

30년째 무사한 '우리 때'

●○○

1995년 9월, 서태지와 아이들은 사회 변혁을 노래한 〈시대유
감(時代遺憾)〉을 발표했다. 서태지의 진단은 옳았다. 대한민국 땅
에서 무언가 잘못 돌아가고 있다고, 절망과 아우성, 포기, 위선,
가식이 넘쳐난다고 그는 경고했다. 경고음에 움찔한 권력자들은
공연윤리위원회를 동원해 앨범 발매를 막았다. 사실상 독재정권
을 종식하고 나타난 문민정부에서 일어난 일이다.

기성 질서에 차가운 주먹을 날린 '문화 대통령', 서태지의 소프
트파워는 상상 이상이었다. 당시 신문을 보면, 〈시대유감〉을 담은
4집 앨범 발매를 전후해 공연윤리위원회와 문화체육부 등에 1만

통이 넘는 항의 전화와 비난 편지가 쇄도해 업무가 마비될 정도였
다(예영준, 1995).[1] 전화 연결음으로 소환되는 PC통신 시대에 '전
자서명'이라는 최첨단 시민저항운동으로 2,500명의 서명을 받
았다는 기사도 눈에 띈다(황태훈, 1995).[2] 무려 1996년, 지금으로
부터 23년 전 일이다. 이를 주도했던 이들이 10대들이었다는 점
은 더욱 놀랍다.

서태지의 〈컴백홈〉(1994)을 듣고 가출 청소년들이 귀가하는
사례까지 전해지면서 10대들의 부모인 베이비부머 세대까지 나
서서 정부를 압박해 결국 사전심의제도가 〈시대유감〉 발표 이듬
해에 폐지됐다.《월간조선》은 당시 상황을 다음과 같이 묘사했다.
"노래 한 곡으로 집 나간 청소년들을 귀가시키고, 앨범만 나오면
밀리언셀러가 되고, 옷 한번 갈아입으면 대한민국 청소년들의 패
션이 바뀌는 이유. 입시에 지친 청소년들에게 새로운 목적의식−
자유에의 도전과 희망을 안겨준 이 시대 청소년들의 전도사 서
태지의 음악에 대한 사랑과 열정은 듣는 이로 하여금 무언가에
몰두하게 만든다(조병도, 1995)."[3]

3·1운동, 6·10만세운동, 4·19혁명, 5·18광주민주화운동 등
근현대 역사 속 영웅들 사이에는 10대들, 심지어 초등학생도 있
었다. 그로부터 한참 뒤인 2008년 미국산 쇠고기 반대 촛불집회,
2016년 국정농단 규탄 촛불집회에서도 10대의 활약은 눈부셨다.
오래된 과거와 최근의 시기 사이에 놓인 1995년, 당시의 10대는
'문화 대통령'을 지키기 위해 온오프라인에서 대규모 물결을 이뤘

다. 민주화 이후 첫 10대들의 성공한 반란, 혹은 저항이라 기록될 만한 일이다. 그런데 이 발랄하고 발칙했던 10대들은 지금 어디에 어떤 모습으로 있을까?

"우리 때는 선배 말을 하늘같이 여겼어."

"우리 때는 얼굴 마주 보고 얘기하는 거 좋아했는데 요즘 애들은 문자나 틱 보내고 예의가 없어."

"우리 때는 주말도 없이 일했어. 주5일 하면서 칼퇴를 한다고?"

1995년의 10대들이 오늘날 '우리 때는, 우리 때는, 우리 때는…'을 기본값으로 저장한 이들의 부하직원이 되어 거세된 갑남을녀로 살아간다고 하면 지나친 과장일까? 시시때때로 '우리 때는'을 꺼내 드는 주역은 지금 50대 중반 즈음을 지나고 있는 세대, 흔히 386(지금은 586)이라 불리는 사람들이다. 1960년대 태어나 1980년대 대학을 다니고 30대의 나이에 사회 주역이 된 그들의 '때'와 1990년대 중반에 서태지로 표상된 문화를 향유했던 이들의 '때'는 분명 다르다.

서태지의 〈시대유감〉을 살려내기 위해 식음을 전폐하는가 하면 등교를 거부하고 청와대 앞 데모도 계획했던 사람들은 사회에 첫발을 내딛자마자 사회로부터 내동댕이쳐졌다. 세기가 전환되는 2000년을 코앞에 두고 국제통화기금(IMF) 외환위기라는 먹구름이 대한민국을 짓눌렀고, 이들은 우산을 채 펼 겨를도 없이 장대비를 맞았다.

이제 막 대학에 입학했거나 혹은 대학 입시에 인생을 걸고 공부라는 전투를 수행하던 이들의 부모들은 직장에서 구조조정 대상이 되거나 사업을 접었다. 근로소득으로 가정경제를 꾸려온 이들의 비명은 금수저든 흙수저든 가리지 않아, 기업체를 운영하다 하루아침에 노숙자가 된 아빠와 고시원을 전전하는 아이들의 사연도 간간이 전해졌다. 가정경제 상황은 대체로 이혼율과 상관관계가 있으며, 이혼은 곧 가족 해체로 이어진다.

1998년 10월 《연합뉴스》는 '서울시 노숙자 다시 서기 지원센터'가 587명 노숙자 상담사례를 분석한 결과를 전했는데, 이들 중 59.5%가 1년 이내 실직했으며, 특히 기혼자가 동거 상태를 유지했다는 응답은 단 9.8%뿐이었다(조현준, 1998).[4] 1년 만에 이혼(28.1%), 별거(21.1%), 사별(7%) 등 가족 해체가 급속히 이뤄진 것이다.

비슷한 시기 부산에서는 아버지의 실직 이후 어머니가 가출하고 어린 남매가 보호소에 맡겨진 사연을 전하며, IMF 이후 기아·미아 사례가 급증했다고 지적한다. 생활고로 인해 여대생, 주부는 물론 10대 청소년까지 '접대' 아르바이트에 나선다는 기사도 있었다. 언론은 이들을 'IMF형 접대부'라고 칭했다(김재홍, 1998).[5]

너도나도 힘들었던 IMF체제 시기를 나름의 능력과 운으로 헤쳐간 게 386세대다. 나라가 IMF로부터 구제금융을 받을 당시, 이들은 직장에 들어간 지 얼마 되지 않은 말단이나 그 바로 위의 대리급이어서 구조조정의 칼날을 피했다. 회사마다 연봉 높은 선배, 임원들은 잘려나가고 신입직원은 뽑지 않으며 허리띠를 졸라매던 시절에 386세대는 수년간 큰 어려움 없이 조직 내 위상을 키워갔다.

그 무렵 386 벤처 키즈도 대거 등장했다. 1996년 코스닥시장 개설과 1997년 '벤처기업육성에 관한 특별조치법' 시행, 여기에 1980년대 벤처 1세대 선배들이 닦아놓은 토양 위에 이른바 '군단'을 이뤄 등장했다고 당시 언론은 설명한다. 김범수(카카오, 66년생), 김정주(넥슨, 68년생), 김택진(엔씨소프트, 67년생), 안철수(안랩, 62년생), 이동형(싸이월드, 65년생), 이재웅(다음, 68년생), 전제완(프리챌, 63년생) 등이 대표선수로, 지금도 여전히 건재함을 과시하고 있다.

1990년 전후 과외 및 학원 허용, 수능시험 도입 바람을 타고 논술이나 입시학원, 유학원 등 사교육 시장에 뛰어들어 막대한 부를 거머쥔 이들도 대체로 386세대다. 널리 알려진 이들만 꼽아도 손주은(메가스터디, 61년생), 이범(메가스터디, 69년생), 박정(박정어학원, 62년생), 정봉주(외대어학원, 60년생), 정청래(길잡이학원, 65년생) 등 적지 않다.

심지어 전두환 정권의 3S 정책(Sports·Screen·Sex의 머리글자를 딴 것으로 독재정권이 국민의 정치적 관심을 돌리기 위해 쓴 우민화 정책) 중 하나로 프로스포츠가 태동(프로야구 82년, 프로축구 83년, 농구대잔치 83년)한 덕을 본 스포츠 선수들 대부분도 386세대에 속한다. 선동열(63년생), 황선홍(68년생), 허재(65년생)와 같은 '전설'들은 1990년대부터 지금까지 선수로, 감독으로 30년 넘게 대중의 관심을 받고 있다.

명실공히 386세대는 2019년 현재 대한민국을 주무르고 있다. 생애 주기로 봤을 때 50대가 가장 무르익은 시기라 한다면 당연한 측면도 있다. 그렇지만 50대의 사회적 역할이 무거운 만큼 시대와 함께 사회 주도 세력은 끊임없이 교체된다는 사실 또한 당연하다. 그러나 1987년 민주화운동을 전후해 20대부터 사회적 목소리를 키워온 386세대는 1997년 외환위기를 계기로 앞 세대가 쓸쓸히 퇴장한 자리를 넘겨받은 뒤 40대에도, 50대에도 그 자리를 유지하고 있다.

문제는 30대, 40대의 그들에게 주어졌던 자리가 지금의 30대, 40대에게는 대물림되지 않고 있다는 사실이다. 권력 중의 권력이라 할 수 있는 청와대를 살펴보자. 2003년 출범한 참여정부의 국정상황실장은 37세의 이광재(65년생)였다. 눈여겨봐야 할 것은 참여정부에서 비서관, 행정관을 했던 인사들이 15년이 훌쩍 지난 시점에 다시 비서관 자리에 앉았다는 것이다. 문재인 정부에서 첫 대통령비서실 민정비서관을 지낸 백원우(66년생)는 참여정부에서 민정수석실 행정관으로 재직한 바 있다. 두 번의 청와대 경력 사이에는 17, 18대 국회의원 경력도 있다. 2007년 참여정부 대통령비서실 행사기획비서관으로 청와대를 나와 8년 동안 서울시 성북구청장을 지낸 김영배(67년생)도 현재 백원우 후임인 민정비서관직에 있다.

기대, 실망, 분노

●○●

'회식 4차 실화냐?

고깃집, 맥줏집, 노래방, 포장마차로 이어진 어제 회식의 상흔을 토로하니 공무원시험 준비하는 친구가 신기한 듯 깔깔댄다. 청년 실업률이 치솟는 시대에 변변한 직장에 다니는 게 어디냐며 회식 출석률 100%를 찍고는 있지만, 가끔은 임신을 이유로 회식 면제자가 된 동기가 부럽다. 부장은 술에 취하면 말한다. "아무리 일 잘해도 팀워크가 없는 놈들은 나한테서 탈락이야. 조직의 생명은 단합이야."

그래도 시대가 조금씩은 진보하는 걸까? 부장이 '문화가 있는' 회식을 하자며 영화 단체관람을 종종 제안한다. 재작년에 〈택시운전사〉와 〈1987〉을 봤는데 영화관을 나온 부장의 눈이 붉었다. 이어진 술자리에서 부장은 또 짱돌과 최루탄이 난무했던 시절을 영화 속 주인공이 된 것처럼 이야기했다. 자기는 '비겁했고, 평생 부채의식을 안고 산다'며 불쌍한 고양이 눈을 하고 우리를 쳐다본다.

시골에서 올라와 송파에 아파트 한 채 마련하고 자식들 인서울 대학 보내 노후 준비는 끝냈다며 자랑질하는 부장을 하마터면 불쌍히 여길 뻔했다. '참을 인' 그으며 오늘도 버티는데 철 지난 '아프니까 청춘' 레토릭을 들이댄다. 아픈 청춘은 이제 됐으니, 송파 아파트는 나 주고 당신이 청춘하든지.

— 9년 차 직장인 ○○씨의 가상 블로그

디씨인사이드, 오늘의유머, 대학교 대나무숲 등 젊은이들이 많이 찾는 온라인 커뮤니티를 훑다 보면 386세대 상사에 대한 온갖 불만과 욕이 쏟아진다. 배울 만큼 배우고 먹을 만큼 나이도 먹었다는 사람들의 날 선 분노가 녹아든 글들을 차마 그대로 지면에 옮기지 못해 정제하고 다듬었다. 흔히 '꼰대'라는 말로 386세대를 표현하곤 하지만 국어사전상 정의(늙은이나 선생님을 이르는 은어)를 뛰어넘는 의미가 내재돼 있다. 아래는 '꼰대'와 '386(혹은 586)'을 키워드로 온라인 커뮤니티 검색 결과로 찾은 아랫세대가 바라보는 386의 모습이다.

"입만 놀리고 손발은 까딱 안 하는 월급루팡."
"신입은 컴퓨터활용자격증에 토익도 만점인 사람만 찾으면서 정작 영어 한마디 엑셀 한 줄 쓸 줄 모르는 무능력자."
"스펙만 높고 일은 할 줄 모른다고 후배들 야단치면서 일 터지면 정치권 동창에게 전화 돌려 처리하고 법카로 생색내는 구악."
"거악(巨惡, 독재)과 싸운 과거 팔아먹고 살면서 생활 속 소악(小惡)에 침묵하거나 동조하는 이중인격자."
"자기들은 꿀 빨아먹고 헬조선 만든 이들."

이쯤 되면 억울하다거나 혹은 분한 386도 있을 것이다. 좀 더 가볼까? 386세대를 조롱한 노래도 이미 한참 전에 나온 바 있다.

사랑도 명예도 이름도 남김없이
퇴근 후에 넥타이를 풀고 찾아와
옛 추억에 잠겨 노래 한 곡 워어어어
케케묵은 노래들을 불러대며 울어대네
아름다운 젊음이여 흘러간 내 청춘이여
너희들이 정녕 민주화를 아느냐
이 손으로 일군 민주주의 대한민국
요즘 어린 것들은 몰라도 한참 몰라
서러움 모두 버리고 나 이제 가노라
— 밤섬해적단, 〈386 sucks〉(2010) 중에서

386세대는 자신들과 자신들이 누리는 기득권을 향한 아랫세
대의 분노와 조롱을 아마 모르지 않을 것이다. 다만 '나'는 그 대
상이 아닐 것이라고, 이 정도는 아니라고 선 긋기를 하고 싶을 것
이다. 1968년생 소설가 김영하는 『퀴즈쇼』(2007)에서 88만원 세
대의 고난을 그리며 후배 세대에 대한 미안함을 드러내기도 했
다. 그런데 중요한 사실은 대한민국 사회에서 386세대만큼 공통
된 시대적 기억과 경험을 공유한 강력한 세대 공동체가 없다는
점에서 1960년대에 태어났다면 본인들의 의지와 상관없이 386
세대 범주로 묶인다는 것이다. 그리고 다른 세대는 386세대를
독재가 타도된 시대적 결절 위에 서서 민주화운동 경력을 훈장
삼아 권력을 쟁취하고 권력의 네트워크를 사회 전 분야로 확장

해 개인의 이익을 최대화한 세대라고 인식하고 있다.

안다. 386세대라고 해서 모두가 저런 모습은 아니고, 세대를 막론하고 욕먹을 짓 하는 사람들은 어디에나 있다는 것을. 또 꼰대스러움의 평균은 세대가 위로 갈수록 더 심하면 심하지 덜 하지 않다는 것을. 그렇지만 기대가 높으면 실망도 큰 법이다. 1990년대 기준으로 유사 이래 가장 높은 수준의 고등교육을 받고 민주화까지 쟁취한 386세대에게 대한민국 사회는 적잖이 기대를 걸었으나 그 기대는 실망이 되어 메아리치고 있다.

386세대 속 2등 시민

●○●

둘째 출산을 코앞에 둬 어제 회식에 참여하지 않은 동기는 점심시간 내내 나를 앉혀두고 고충을 토로한다.

"부장이 나보고 육아휴직 1년 다 쓸 거냐고 은근 물어보는데 쓰지 말라는 얘기 같아. 애 낳아서 애국하라고 국뽕 맞은 소리 할 때는 언제고."

나는 "지금이 어떤 시대인데 아직도 그런 말을 하냐"며 맞장구쳤지만 속으론 동기가 2년 전 첫째 낳으러 들어갔을 때를 떠올리지 않을 수 없었다. 선배들은 "동기가 하던 일이니 네가 나눠야 하지 않겠냐"며 출산은 고사하고 연애도 못 하고 있는 나를 지목해 일을 떠넘겼다. 옛날엔 애 낳고 3개월도 안 돼 복직했다던 한참 위 선배들의 이야기가 맴돌았다. 이렇게 나도 꼰대스러워지는 것일까?

나도 결혼이나 해볼까… 잠시 생각해보았으나 앞이 보이지 않는다. 부장, 선배들의 부모상은 물론 빙부와 빙모의 상까지 챙겼으니 회수할 축의금이 적지 않은데.

— 9년 차 직장인 ○○씨의 가상 블로그

부부가 숨만 쉬고 돈을 모은다고 가정할 때 10년은 꼬박 일을 해야 서울 변두리에 내 집 하나 장만할까 말까 한 이 시대에, 연애와 결혼, 출산에 이어 줄줄이 포기할 게 늘어나는 N포세대가 애를 둘이나 낳는 건 용감한 일이다. 어쩌면 스스로 지옥의 문을 열고 들어가는 일인지도 모른다.

영어유치원에서 시작해 국어, 영어, 수학 과외는 물론 수영과 피아노 같은 예체능 학원, 심지어 줄넘기 과외까지 시키는 옆집 부모들을 따라가자니 가랑이가 찢어질 판이다. 가습기 쓰다 목숨 잃고, 수학여행 가다 또 목숨을 잃고, 봄마다 미세먼지와 황사 습격을 받으며 노심초사 애들을 키우느니 차라리 애를 낳지 않는 게 현명한 일이라고 말하는 사람들이 늘고 있다.

애를 낳지 않겠다는 결정은 이기적이라기보다 이타적이라고 볼 수 있다. 내가 겪는 어려움을 자식 세대는 겪지 않기를 바라는 마음의 발로이기 때문이다. 앞선 세대들이 가난과 실패를 대물림하지 않기 위해 선택한 것은 내 자식과 그 친구들이 함께 살아갈 공간을 황폐화하면서 내 자식만 온실 속에 가둬 화초처럼 키우는 방법이었음을 우리는 보았다.

학교에서 선생님들이 아이들 간 신체 접촉 금지를 조회 때마다 강조하게 된 것은 최근 대한민국 사회를 뒤덮은 여혐, 남혐의 여파가 아이들에게까지 당도했음을 알리는 신호 같다고 젊은 엄마들은 생각한다. 수시로 터져 나오는 성범죄 뉴스는 딸 키우는 부모들을 불안에 떨게 하고, 아들 키우는 부모들을 위축시킨다. 그래서일까? 요즘 젊은 부모들은 어린 자녀를 붙잡고 '너희는 그냥 결혼하지 말고 살라'고까지 말한다.

세상이 저 홀로 이렇게 굴러오지는 않았을 것이다. 세상을 이렇게 만드는 데 적극적으로 가담한 사람도 있을 것이고, 살다 보니 헬조선이 됐다며 한탄하는 소극적 방관자도 있을 것이다. 둘 중 하나에는 속했을 386세대 선배는 오늘도 한마디를 더한다.

"결혼했으니 빨리 애 낳아야지."

"애 하나는 외로워서 안 돼. 둘은 낳아야지."

정작 애 낳으러 들어갈 시기가 되면 '나도 여자로 태어나 애 낳고 집에서 쉬고 싶다'거나 '애 낳고 집에 있으면 산후우울증 걸리니 빨리 육아휴직 끝내고 오라'는 등 축하로 포장한 압박과 비아냥을 던진다. 그들은 상상해봤을까, 머지않아 자기 딸들이 똑같은 일을 겪는 장면을. 알고는 있었을까, 자신의 아내들이 '임신한 죄인'이 되어 결국 경력단절녀가 되었음을.

노력해도 되지 않는 일이 있다. 예를 들어 여자로 태어나 남자가 되는 일이 그러하다. 성전환수술로 물리적 변화는 가능하지만 현행 대한민국 제도는 주민등록상에서 성별을 나타내는 맨 앞자리 숫자 1과 2 혹은 3과 4를 바꾸는 데 매우 엄격하다. 여전히 우리 사회에는 성차별적 사고방식이 팽배하다. 평등과 민주를 부르짖었던 386세대조차 여성을 2등 시민 취급한다. 적어도 성평등 문제에서 386세대는 앞선 세대보다 결코 진보했다고 말할 수 없으며 오히려 그들의 위선은 지적받을 만하다. 386 남성들이 펼쳤던 진보의 책장 속에는 성이 다른 동일한 인간에 대한 태도를 논한 글귀가 있지 않았던 모양이다. 386 여성들은 1980년대 화염병 투쟁의 장에서 휴지 들고 뒤편에 대기하고, 남자 선배가 감옥에 가면 옥바라지를 하는 임무를 맡았다. 뿐만 아니라 대의라는 명분으로 여성의 성이 유린되는 일도 심심찮게 벌어졌다. 이러한 기억들을 동시대 여성 소설가는 이렇게 떠올린다.

"너도 그랬니? 나도 걔한테 당했어."

마치 동네 개한테 물린 듯 담담하게 말하며, 경혜는 내게 그만 잊어버리라고 충고했다.

"아주 상습범이네."

욕했지만, 우리는 그를 공개적으로 비판하지 않았다. 당시 분위기가 그랬다. 운동권뿐 아니라 한국 사회 전체가 경미한 성범죄를 용인했다. 서클 회장의 추행을 고발하면 저들에게 이용당할 테니 참았지만, 그날 이후 서클룸에 가기 싫어졌다. 운동을 하려면 그보다 더한 일도 견뎌야 한다는 경혜도 보기 싫었다. 며칠 뒤 학생식당에서 보자는 지렁이의 전갈이 사학과 사무실의 칠판에 적혔다.

"미안하다 애린아."

눈을 내리깔고 사과하는 그와 오래 앉아 있고 싶지 않아 '없던 일로 하자' 했지만, 수업에 집중할 수 없었다. 학과 공부에도 서클 활동에도 정을 붙이지 못하고, 다음 학기에 나는 자진 휴학했다.

— 최영미, 『청동정원』(2014) 중에서[6]

같은 386세대이면서도 여성으로서 겪어야 했던 당시의 부당한 일들에 대한 기록은 1980년대를 과잉으로 미화하는 각종 영화, TV 프로그램, 소설 등 그간의 대중문화와는 구분된다. 그 시절의 낭만과 향수를 불러일으키는 〈응답하라〉 시리즈나 〈무한도전 토토가〉 시리즈(1981~1997년까지 MBC에서 방송된 〈토요일 토요일은 즐거워〉를 예능 프로그램 〈무한도전〉에서 패러디한 시리즈)와 달리 불편하다.

시간을 30년 전으로 돌릴 수 있다면 우리는 무엇을 바꿀까? 가수 박정현이 피처링한 싸이의 노래 〈어땠을까〉(2012)를 개사해 읊조려본다.

어땠을까 (내가 그때 너와)

어땠을까 (화염병 같이 던졌더라면)

어땠을까 (너와 나 지금보다 평등했을까)

어땠을까 (돈은 내가 벌 테니)

어땠을까 (살림이나 하라고 하지 않았더라면)

어땠을까 (너와 나 지금보다 행복했을까)

호의와 희롱 사이를 넘나드는 386세대 상사들의 말에 오늘도 대한민국 여성들은 가지지 못한 과거를 한탄하지만, 변화는 더디 기만 하다.

20대 개새끼론과 추억이 된 운동

●○○

2009년 이명박 대통령 시절의 일이다. 그 몇 년 후 〈나는 꼼수 다〉(2011~2012)라는 시사 팟캐스트로 유명세를 탔던 정치평론 가 김용민이 한 편의 글을 통해 20대의 적을 자처했다.

이제 내 말을 들려주려 한다. 요컨대 "너희처럼 처신하면 밥 되기 딱 좋다"라는 말이다. 자, 들어보라. 이명박은 너희에게 일말의 부채의 식이 없다. "누가 찍으래?" 이런 입장일 것이다. 너희의 등록금 걱정, 취업 고민에 대해 공감이라도 해줄 것 같나. 천만에. 그러니 등록금 반값 공약을 일말의 거리낌 없이 부도냈다. 아, 이런 대안은 제시했 더군. "열심히 공부해서 장학금 받으면 되겠네"라는. (중략) 누굴 탓 하겠나. 너희가 만만하게 보여서다. 앞서 얘기한 대로 지금의 너희 자리에 1980년대 군부독재 권력에 온몸으로 항거했던 386 선배들이 있었다면 그래서 권력의 골칫거리가 됐다면, 과연 이명박이 지금과 같이 무덤덤한 태도를 보였을까.

— 김용민, 충남대 학보 기고 글 「너희에겐 희망이 없다」(2009) 중에서

이 글은 곧바로 '20대 개새끼론'으로 명명되며 20대의 강렬한 반발을 불러일으켰다. 20대를 적으로 돌리는 대신 그가 상찬의 대상으로 삼은 것은 다름 아닌 386세대였다. 학점에 목매고, 스펙 쌓기에 혈안이 돼 사회 부조리에 눈감는 20대라는 그의 지적을 온전히 부정하지는 못하지만, 그가 왜 20대에게만 화살을 돌렸는가에 대해서는 생각해봐야 한다. 그는 유능하고 정의감 넘치며, 무엇보다 저항에 대한 성공의 경험을 가진 386세대에게 왜 이제는 적극적으로 나서지 않는지를 묻지 않았다. 그 대신 '20대여 봉기하라'를 외쳤고, 봉기하지 않으니 너희에겐 이제 아무런 기대도 하지 않겠다고 공개적인 협박을 한 셈이다.

386세대가 오롯이 자신들의 희생만으로 독재를 물리치고 민주화를 쟁취했다고 믿는 것은 오만한 채권자적 태도다. 1987년 거리에는 80년대 학번을 가진 20대 대학생만 있지 않았다. 명동 성당에 갇힌 시위대를 위해 도시락을 모아 건넨 계성여고 학생들이 있었고, 시위대를 물심양면 도운 사제들이 있었다. 넥타이를 매고 행진을 벌인 아저씨들이 있었으며, 일제히 경적을 울리며 동참한 택시기사들과 흰 손수건을 흔드는 시민의 물결이 있었다. 민주화운동에 앞장선 김대중, 김영삼과 같은 정치계 거물도 있었

다. 무엇보다 목숨을 빼앗긴 박종철과 이한열이 있었다.

민주화는 살아남아서 현재의 사회 중심 세력이 된 386만의 전리품이 아니다. 기성세대의 지원과 시민들의 저항, 죽음으로써 역사가 된 적지 않은 386 동료들이 함께 모여 거둔 성공이다. 그러므로 20대가 사회적 모순과 부조리에 눈감는다고 손가락질할 것이 아니라 이들이 왜 스펙 쌓기에 몰두하고 연봉 높은 대기업 정규직 취직에 열을 올리는지에 대해서 함께 고민해야 한다.

안타깝게도 아직 386세대는 먼저 나서서 보여주거나 손을 잡아주지 않았다. 그저 '청년이 정치에 관심이 없다'거나 '청년들이 교육을 잘못 받았다'고 말할 뿐이다. '청년을 위한 정치'는 정치적 수사일 뿐이다. 청년을 위한 예산은 이름만 거창하게 붙었다 결국 쪼그라들고, 정치 신인조차 키우지 않고 있다.

과거 김영삼 키즈, 김대중 키즈, 노무현 키즈, 이명박 키즈 등의 이름을 달고 정치권에 발을 디딘 이들 중 다수가 오늘날의 386 정치인들이다. 김대중 대통령의 영입으로 38세에 처음 국회의원이 돼 3선을 하면서 원내대표, 최고위원 등을 역임한 우상호(62년생)는 2019년 한 신문과의 인터뷰에서 "우리는(386세대는) 당 대표가 된 적이 없다"며 "정치생활 20년 동안 원내대표 한 번 했는데, 그게 기득권인가"라고 되물었다. 그는 "86세대 기득권론에 동의하지 않는다"고 말해 당분간 정치권 주연 역할을 놓치지 않겠다는 뜻을 숨기지 않았다.[7]

다시 김용민 이야기로 돌아가자. 김용민은 2012년 4월 치러진 총선에서 정봉주 전 의원의 지역구에 민주통합당 후보로 전략공천됐다. 당시는 그가 김어준, 정봉주, 주진우 등과 함께 진행한 팟캐스트 〈나는 꼼수다〉가 이명박 전 대통령과 BBK 주가조작 사건 의혹에 대한 저격으로 인기가도를 달리고 있던 때다. 명백한 '거악(巨惡)'이 존재할 때 싸움은 거칠되 더욱 명료해진다. 이명박은 그들에게 분명한 악이었다. 지금은 거악의 실체가 뚜렷하지 않은 가운데 일상 속 작은 악들과 구체적이고 치열하게 싸우는 시대다. 김용민의 글과 행태는 거악으로 눈을 가린 채 386 기득권을 옹호한 행태라고 비판받을 여지가 있다. 지원군이 계속 나오는 한 386 정치인들이 운동을 한 시간보다 운동을 이야기하는 시간은 더 길어질 것이다.

추억으로 운동을 이야기하는 사람 많다
운동한 기간보다
운동을 이야기하는 기간이 더 긴 사람이 있다
몸으로 부닥친 시간보다
말로 풀어놓는 시간이 더 많은 사람이 있다
그들에게 이미 과거가 되어버린 운동
현재가 없는 운동을 현재로 끌어오는
그들의 공허함

— **도종환, 「운동의 추억」(1998)[8]**

2

왜 386이
문제 세대인가

25세 때 자유주의자가 아니면 심장이 없는 것이고,
35세 때 보수주의자가 아니면 머리가 없는 것이다.
— 윈스턴 처칠

사랑도 명예도 이름도 남김없이

●○○

이제는 동지도 없고 더는 깃발도 나부끼지 않지만, 1980년대
그때는 그랬다. 깃발을 든 동지들과 가투(가두투쟁)에 나설 때면
목에 굵은 핏대를 올려가며 함성을 질렀다. 말은 안 했지만 '사랑
도 명예도 이름도 남김없이 한평생 나아'갈 것 같았다. 가투가 없
을 때는 강의실보다 학생회실이나 대학가 주점에서 다음 싸움을
준비했다. '온몸으로 항거해야 할' 군부독재 세력이 앞에 있고,
뒤에는 비통한 눈물 속에서 핍박받는 식민지 조국이 있었다.

1980년 5월의 광주 이후로도 죽음은 끊이지 않았다. 1987년
연세대 학생 이한열의 장례식장에서 문익환 목사가 목이 터져라

26명의 열사를 나열했는데, 5·18광주민주화운동 이후 죽임을 당하거나 죽음으로 내몰린 망자가 그중 21명이었다. 죽음은 저 멀리 희끔한 연기처럼 느껴지지 않았다. 학교 정문 앞을 빽빽하게 채운 최루 연기 속에서 헐떡이다 보면 숨이 멎을 것 같은 죽음의 공포가 찾아왔다. 교정 안에서 사복경찰에 머리채를 잡혀 끌려가는 동료 학생의 모습을 보면 다음에는 내 차례일 것 같아 심장이 쿵쾅거렸다.

서정시가 용납되지 않던 그때, 대학생들에겐 선택지가 많지 않았다. 죽음을 무릅쓰고, 검거를 무릅쓰고, 거리로 나설 것이냐, 텅 빈 강의실과 도서관으로 숨어들 것이냐. 돌과 쇠파이프를 들고 나선 학생들도, 교과서와 노트를 쥔 학생들도 불행하기는 마찬가지였다. 다만 한쪽은 눈을 홉뜬 채 주먹을 치켜 세웠고 다른 한쪽은 고개를 떨군 채 입을 다물었다.

자연히 발언권은 거리에 나선 이들에게 돌아갔다. 스크럼을 짜고 차츰 세를 불린 대학생들은 더 이상 어른 행세를 하려는 햇병아리가 아니었다. 거리에서 외치는 구호와 플래카드에 담긴 주장, 대자보에 스며든 논리 정연한 정세 분석은 세상을 움직였다. 지금 대학생들이 들으면 '설마' 하겠지만 스무 살을 갓 넘긴 이들이 세상에 대해 품은 적개심만큼 세상도 내심 이들이 두려워졌다. 이들의 한마디 한마디는 언론의 주요 관심 사안이 됐고, 정치인들도 이들과의 관계를 허투루 할 수 없었다.

교정을 벗어나 세상과 부딪친 이들은 빠르게 우리 사회가 작동하는 문법을 익혀나갔다. 요새 젊은이들이 어떻게든 졸업을 유예하며 취업준비생으로, 공무원시험 준비생으로, 학원가와 고시촌을 전전하는 나이에 과거 386세대는 세상을 움직이는 힘을 갖게 됐다. 아니, 그 세상의 중요한 일부가 됐다.

386세대가 아직 20대이던 1989년, 시사주간지《시사저널》이 '한국을 움직이는 영향력 있는 집단(세력)'을 조사한 바 있다. 전례 없는 첫 조사 결과, 청와대가 1위, 군부가 3위를 차지한 데 이어 학생운동권은 7위에 올랐다. 6위 안기부(국가안전기획부)의 바로 다음 순위였다. 이듬해에는 당시 학생운동권의 조직체였던 전대협(전국대학생대표자협의회)이 4위까지 영향력을 끌어올렸다. 20대의 그들이 한국 사회를 움직이는 네 손가락 안에 꼽힌 것이다.

이들은 그렇게 세상에 영향력을 행사하며 성공의 경험을 하나하나 축적했다. 양날의 검과도 같은 권력의 속성은 그에 따른 덤으로 이들에게 흡수됐다. 386세대가 빨아들인 건 언제 내놓아도 자랑스러운 무용담만이 아니다. 투쟁에 나선 일부 대학생 그룹은 권위주의 정권과 맞서다 보니 그에 걸맞은 힘을 과시해야 했고, 결국 그들도 허세가 낀 권위주의가 몸속에 파고드는 것을 막지 못했다. 학생운동 조직에서는 '회장님'과 '의장님'을 중심으로 교조주의 냄새가 갈수록 짙어졌고, 내가 속한 진영과 속하지 않은 진영 사이의 중간 지대는 갈수록 줄어들었다.

박정희 정권은 쿠데타를 혁명으로 바꿔치면서, 전두환 정권은 현실과는 동떨어진 '정의사회 구현'이라는 구호를 내세우면서 이른바 '한국적 민주주의'라는 기괴한 발상을 했다. 386세대는 그 한국적 민주주의에 일격을 가하고 새로운 질서를 끌어내는 데 한몫을 했다. 그러나 그들에게 돌아간 전리품엔 민주주의뿐 아니라 교조주의가 포함돼 있다는 점은 두고두고 아쉬운 대목이다.

비단 정치 이야기뿐만이 아니다. 우리 곁에 즐비한 586들, 즉 왕년의 민주주의자들이 어떻게 이 지경이 됐느냐는 질문이다. "편하게들 의견 좀 내보지"라고 말문을 열곤 제멋대로 결론을 내버리는 사장, 무슨 일을 앞두든지 줄 세우기와 편 가르기부터 하고 보는 부서장, 능력은 떨어지면서 평가받을 땐 '함께 가자, 우리 이 길을'을 노래하는 직장 선배가 바로 예전의 그들이다. '민주적'이라는 이미지를 내세우고 싶어 하지만, 실상은 교조적인 풍모를 감추지 못한다.

이들이 한때 거악에 맞서 투쟁 전선에 나섰느냐, 아니냐는 중요하지 않다. 그 경험이 있으면 있는 대로, 없으면 그 부채감으로 인해 더욱 적극적으로 공통의 집단 심성을 받아들였을 테니까. 프랑스 아날학파가 제시한 '망탈리테(mentalité)'의 개념처럼 말이다. 망탈리테란 사회를 특징짓는 신념이나 관념, 관습의 총체 또는 한 인간 집단의 습관적 사고 양식을 의미하는데 이러한 집단 심성을 통해 그 집단에 속한 사람들의 행동을 꿰뚫어 볼 수 있다.

386세대가 강렬한 경험을 공유하며 망탈리테와 같은 공통의 성질을 타고난 듯 지니게 됐다면, 이를 '386 DNA'라고 부를 수도 있지 않을까. 386세대에게 DNA와 같이 새겨진 집단적 심성은 80년대 주류 트렌드가 되어, 당시 20대의 나이로 세상을 익혔던 모두에게 유행처럼 퍼졌다. 그저 30여 년 전, 돌아가는 나라 꼴에 한마디씩 섞었던 그들이라면 '민주화'를 입에 올리지 않은 사람이 없었을 것이고 그들 모두는 자칭 타칭 민주화 세력이 되어버렸다.

불로 세대의 초장기 집권

●○●

연령대에 따라 생각과 행동은 유사한 패턴을 밟는다. 10대 때는 부모의 잔소리가 싫어 어떻게든 집을 떠나고 싶고, 30~40대에는 성공에 급급해 가정을 돌보지 못하다가, 다시 50~60대에는 자식들에게 잔소리하는 낙으로 하루를 보낸다. 젊어서는 혁명을 꿈꾸는 진보주의자였다가 나이가 들어서는 변화가 두려운 보수주의자로 바뀌곤 한다.

"젊어서 마르크스주의자가 아니면 심장이 없는 것이고, 나이들어서도 마르크스주의자이면 머리가 없는 것"이라는 영국의 철학자 칼 포퍼(Karl Popper)의 지적은 예나 지금이나 들어맞는다. 나이가 듦에 따라 특정한 경향성을 보이는데, 이를 연령 효과(age effect)라 한다.

이와 다른 코호트(cohort: 동년배) 효과도 있다. 코호트는 고대로마 군대의 세부 조직 단위에서 유래한 단어로, 이들이 함께 훈련하고 생활하고 전쟁하는 과정에서 높은 내부적 동질성을 가졌듯이 같은 시기를 살아가며 특정 사건을 함께 겪은 사람들의 집합을 뜻한다. 젊은 시절 특수한 경험을 공유한 세대는 그만의 고유한 특징을 평생 안고 간다. 한창 정체성이 형성되던 때에 일제의 식민 지배를 겪었던 세대는 일본에 대한 반감과 익숙함을 동시에 품고 죽을 때까지 살아가게 된다. 한국전쟁을 치렀던 세대라면 누구라도 전쟁과 가난의 트라우마에서 벗어나기 어렵다.

386세대에게 그런 코호트 효과의 특징을 찾아볼 수 있다. 우선, 군사독재 정권을 무너뜨리고 민주주의를 이뤘다는 자부심을 꼽을 수 있다. 그 과정에서 배양된 조직화 능력, 함께 어깨를 걸고 밀어붙이면 끝내 이뤄낼 수 있다는 낙관주의도 빠뜨릴 수 없다. 반면에 괴물과 싸우면서 닮아간 권위주의, 자부심이 변질돼 나타난 우쭐함과 함께, 실행보다 말이 앞서는 공허함도 386세대 안에서 풍겨 난다. 앞서 말한 교조적 성향도 코호트 효과에 따라 드러난 특징이다.

그러나 가장 큰 특징은 따로 있다. 한국 사회에서 너무나 오랜 기간 주도권을 쥐고 있다는 점이다. 1980년대 20세의 나이로 대학생이 돼서 한국 사회의 한 축이 된 이들이 현재는 50대가 되었다. 그러한 386세대에겐 1980년대에도, 1990년대에도, 또 2000년대에 와서도 늘 스피커가 쥐어져 있다. 사회에 쩌렁쩌렁한 목소리를 낸 것을 넘어 사실상 오늘의 한국 사회를 설계해왔다. 현재의 대한민국은 386에 의한, 386을 위한, 386의 나라다. 도무지 늙지 않는 불로(不老) 세대의 최장기 집권, 이것이 코호트 효과 관점에서 본 386세대의 가장 큰 특징이다.

물론 '장기 집권' 하면 박정희에서 전두환, 노태우 정부까지 30년 넘게 이어진 군부 세력을 떠올릴 수도 있다. 그러나 그 주체는 일부 엘리트 군인들이었을 뿐, 이를 전체 동년배까지 아우른 세대로 확장하기는 어렵다. 마찬가지 이유로 김대중·김영삼을 중심으로 한 과거 반(反)독재 그룹의 활동 기간도 전체 세대의 관점으로 분석하기는 어렵다. 지나간 역사를 '우리가' 만들었다고 인식하는 세대적 동질감은 유독 386세대에게서 진하게 느껴진다.

시간과 공간을 넓혀 비교해보자. 우리 역사의 전환기를 만들어낸, 또는 우리 역사의 황금기를 이끌어온 또 다른 세대가 있을까. 조선 왕조까지 이어진 왕정 시대에 그러한 세대가 존재했을 리만무하고, 구한말부터 일제강점기까지도 변화를 도모했던 건 소수 엘리트 그룹이었다. 전쟁의 참화나 경제적 궁핍은 그 세대 안에 경험으로 녹아 있겠지만, 그것으로 인해 그 세대가 우리 사회의 헤게모니를 잡았던 것은 아니다. 간간이 떠올리는 '산업화세대'나 '유신세대'도 주도권 장악의 경험을 세대 전체가 공유하지 못하거나 오히려 패배의 경험을 공유했을 뿐이다.

그렇다고 우리나라 386세대가 전 세계적으로 특수한 것은 아니다. 종종 386세대와 비교되곤 하는 게 유럽의 68세대(1968년

5월 프랑스 학생운동을 주도했던 대학생들과 이에 동조해 청년 문화를 이끌었던 유럽과 미국의 젊은 세대)다. 그러나 반전(反戰)과 반체제(反體制)를 기치로 떨쳐 일어난 이들의 혁명은 실패했고, 정치적 주도권을 확보하지는 못한 채로 서구사회 변화의 자극제가 됐다는 데 만족해야 했다.

비슷한 시기 일본에서는, 이후 '전공투 세대'('전국학생공동투쟁회의'의 준말로 1960년대 말 일본에서 나타난 새로운 흐름의 학생운동을 경험한 세대)로 불리게 될 학생들이 대대적인 반정부 폭력 투쟁에 나서지만 대중의 지지를 확보하지 못하고 곧 소멸되었다. 미국에서는 2차 세계대전 직후 태어난 베이비붐 세대가 주목을 받았지만 인구학적 변화의 원인이 됐을 뿐, 정치적 주도권을 쟁취한 경험을 공유하지는 않는다.

결국, 강렬한 승리의 경험을 바탕으로 청년기 때부터 사회의 한 축으로 올라선 뒤 수십 년째 주도권을 놓지 않는 세대가 386세대 말고 또 있을까 싶다. 386세대는 그러한 특징만으로도 독특한 코호트 효과를 발휘한다. 자신들의 초장기 집권을 너무나 당연하게 여기는 한편, 후배 세대들에게 바통을 넘기지 않아 세대의 순환과 사회의 발전을 가로막는다는 바로 그 점이다.

AI를 돌리는 386 CPU

●○●

Intel 80386.

1985년 인텔이 '80386'이라는 32비트 CPU를 개발했을 때, 사실 엄청난 변화를 눈앞에 선보인 것은 아니었다. 16비트 CPU를 대체했다지만 지금의 기준으로 보면 당시 개인용 컴퓨터의 성능은 거기서 거기였다. 다만 중앙처리장치(CPU)로 개발한 칩셋의 이름인 XT나 AT 같은 영문으로 PC의 성능을 구분하던 기존의 방식을 수치로 바꿨을 뿐인데, 이는 물론 인텔의 마케팅 전략이었다. 이로부터 소비자들은 386 컴퓨터에 대한 기대감을 높였고 486, 586 컴퓨터는 나올 때마다 실제보다 더 큰 기술적 혁신이 담긴 양 소비되었다.

노트북이나 태블릿 PC에 치여 이젠 구경하기도 어려워진 데스크톱, 그 가운데서도 가정용으로 보급된 초기 모델에 대한 이야기다. 국내에서는 이러한 386 PC들이 1990년대 초반 이후에야 인기를 끌었는데 정보화 사회를 이끌 최첨단 무기인 양 각 가정이 앞다퉈 사들였다. 그리고 몇 년이 지나 그 세련됨과 영민함에 '어떤 무리'를 떠올렸나 보다. 당시 30대의 나이이면서 1980년대 대학을 다닌 1960년대생들에게 '386'이라는 애칭을 붙여줬다.

이들 386세대의 원형이었던 386 컴퓨터가 자취를 감춘 지는 오래됐다. 지금 어딘가에서 건재하다고 해도 그 컴퓨터를 활용한 업무는 사실상 불가능하다. 이름도 잊힌 DOS 방식의 운영체

계여서 윈도(Window)가 깔리지도 않고, 당연히 윈도를 바탕으로 한 각종 프로그램은 386 컴퓨터에서 무용지물이다. 그럼에도 그 이름을 전수받은 386세대는 여전히 대한민국의 중심에 있다. 30년을 넘게, 심지어 정년퇴직의 나이가 다가와도 쌩쌩 돌아가고 있다.

문제는 거기서 발생한다. 인공지능(AI)과 사물인터넷(IoT) 시대에 386 컴퓨터가 빅데이터를 돌려보겠다고 나선다면? 주변에서는 '기술이 바뀌었다, 시대가 바뀌었다' 해도 '내가 제일 잘 안다'며 물러서지 않는다면? 가까스로 한글 워드프로세서 하나 다룰 줄 알면서, 키노트(Keynote)와 프레지(Prezi)로 프레젠테이션을 한 후배의 공을 가로채고 있다면?

퇴근 시간 맞추려 일에 전념인 후배 주변을 맴돌며 집 평수 늘리고 골프 타수 줄인 자랑을 하다가, 돌연 "요새 젊은 애들은 투지가 없어", "남자가 무슨 육아휴직을…" 하며 핀잔을 늘어놓는 배경에는 이런 이유가 숨어 있다.

386세대에 대한 견제가 갈수록 약화되고 있다는 점은 문제의 심각성을 더한다. 이들의 선배 격으로, '58년 개띠'로 상징되던 한국판 베이비붐 세대가 정년을 넘겨 사회에서 퇴장하고 있기 때문이다. 그나마 눈치를 볼 대상마저 없어진 상황에서 386세대는 명실공히 한국 사회의 좌장이 되었다.

한데 안타깝게도, 이들에게는 반갑게도, 386세대의 퇴장을 채근할 후배 세대는 보이지도 않는다. 이들의 바로 아랫세대가 X세대쯤인데, 이 세대명이 된 'X'가 뭐라 정의하기 어렵다는 뜻일 정도로 세대 존재감이 없다. 그 후는 1포, 2포, 3포로 이어지며 포기를 거듭하다가 이제는 N포가 된 세대로, 이들 세대의 영향력은 기하급수적으로 줄어들어 있다. 세상은 과거에도, 현재에도, 그리고 미래에도 386세대를 위해 존재할 가능성이 크다.

이제껏 그런 386세대에 대한 냉철한 분석이 없었다는 점이 놀라울 정도다. 그나마 있었던 386세대에 대한 분석은 운동권 출신의 정치인들이나 벤처 창업에 성공한 기업인들에 초점이 맞춰졌다. 386세대의 코호트 효과를 따져본 경험이 우리에겐 사실상 전무하다. 일부 있었다 해도 386 스스로의 분석에 불과한 실정이었다. 분석의 주체와 대상이 같다면 어떻게 객관성을 담보할 수 있을까. 386세대가 아무런 견제 없이 우리 사회의 제왕으로 군림하게 된 지금, 그에 걸맞은 분석이 시급히 이뤄져야 하는 이유다.

다소 늦었지만 지금 쓰는 386세대론은, 어찌 보면 10여 년 전 출판된 『88만원 세대』(2007)의 프리퀄(prequel: 오리지널 영화에 선행하는 사건을 담은 속편)이다. 우리가 쓰는 이 글은 여전히 '월 급여 88만 원'의 한계를 넘지 못하는 오늘날 청년 세대에게 그들이 속한 사회의 연원을 설명해줄 수 있을 것이다. 누군가는 '케바케(case-by-case)' 아니냐고 반박할지도 모른다. 딱 떨어지는 인과관계를 입증해내기도 어렵지만, 그렇다고 마냥 입을 다물 수만은 없다. 그렇기에 우석훈과 박권일도 이렇게 말하지 않았나.

'세대'라는 용어는 이런(성급한 일반화의 오류) 위험성을 다분히 내포하고 있다. 그럼에도 불구하고 한 사회에 대한 분석을 시도하는 사람들이 종종 세대 담론을 사용하는 이유는 이것이 '역사성'과 '공간성'이라는 구체성을 추상성에 덧붙여주는 효과가 있기 때문이다(우석훈·박권일, 2007).[9]

역사성과 공간성뿐만 아니라 판단과 행위의 결과를 덧붙여 386세대를 종합적으로 분석해보려는 이번 시도는 세대별, 세대 간 손익계산서를 그려보는 것에서 본격 시작한다.

3

세대별
손익계산서

나는 운이 좋은 사람입니다. 미국에서 1930년에 태어났으니까요.
태어난 바로 그 순간에 나는 복권에 당첨된 거나 마찬가지였습니다.
— 워런 버핏

행운을 타고난 세대

●○○

워런 버핏은 자수성가의 아이콘이다. 자신의 노력으로 누구나
칭송하는 투자가가 되었다. 그럼에도 그는 겸손하다. 자신의 성
공을 시대적 '운'을 타고났기 때문이라고 말한다. 1930년대 미국
에서 태어난 것이야말로 자신의 성공 요인이라고 밝힌다.

어느 시대, 어떤 장소에서 태어나느냐는 한 개인이 살아갈 대
략적인 삶의 노선을 좌우한다. 혼자만의 노력과 힘으로는 어찌
할 수 없는 구조적 조건이 주어지기 때문이다. "나는 어머니의 자
궁에서 나와 미국이라는 나라에 태어나면서 로또에 당첨된 것"
이라고 말한 버핏은 이 같은 타고난 운을 '난소 로또'라고 부른다

(Schroeder, 2009).[10]

　한국이라고 예외가 아니다. 어느 시대, 어디에서, 누구의 자식으로 태어났는지에 따라 운이 달라진다. 급속한 산업화와 민주화로 강산이 수십 번 바뀌면서 세대를 대표하는 얼굴도 격동의 시대를 거쳤다. 우리는 여기서 1960년대, 1970년대, 1980년대 한국에서 태어난 평균적인 사람들이 이 사회에서 평범하게 살았을 때 얻은 이익과 손해의 규모가 어떻게 달랐는지 파악할 것이다. 가장 큰 행운을 타고난 세대라고 회자되는 386세대가 실제 이룬 부와 사회적 지위를 다른 세대와 비교해보고, 시대가 그들에게 안겨준 '난소 로또'는 무엇이었는지를 살펴보자.

　지난 수십 년간 대학은 한국 사회에서 주류 세력으로 인정받고자 하는 이들에게 최소한의 필수재로 여겨졌다. 그런데 대학진학률 80% 시대와 과거 30% 시대의 대학 졸업장 의미가 같을 수 없다. 대학에 들어간 1965년생, 1975년생, 1985년생의 평균적인 인생 초기 이력을 살펴보는 것은 대학 진학이 당사자와 그 가족에게 어떤 의미인지를 이해하고, 졸업 후 삶과 비교하는 데 참고가 될 수 있다.

　1965년생 ○○씨의 형제는 5명이다. 본래 큰 누이가 한 분 있었는데, 어릴 적 얻은 황달로 죽었다. 1950년대생 형님 한 분과 누님 한 분은 고등학교를 마치지 못했다. 가족을 부양하기 위해 누님은 서울의 구로공단으로 떠났고, 형님은 지방의 건설 현장을 돌았다. 하지만 자신과 또래 친구들은 좀 다르다. 국민학교 친구 모두 중학교에 진학했고, 중학교 친구들 역시 열에 아홉이 상고나 공고라도 갈 수 있었다. 공부를 곧잘 했다면 가정 형편과 관계없이 대학물을 먹을 기회가 있었다. 서울의 사립대보다는 자기 지역의 명문 국립대를 선호했다. 대학에 진학한 이들은 가족의 안녕과 입신출세라는 세속적 성공 목표를 가슴에 품고 형님과 누님이 부쳐주는 돈으로 '공부'에 매진했다.

1975년생 △△씨에게는 연년생 동생이 하나 있다. 부모님은 동생을 낳고 더 이상 자녀계획을 갖지 않았는데, 정부의 산아제한 정책이 강력하고 효과적으로 이뤄진 탓이다. 부모가 살아온 세상은 대학물 먹은 사람들이 지배한 사회였다. 대학물 먹어보지 못한 △△씨 부모는 두 형제가 자신들보다는 많은 기회를 갖고 살길 바라며 빠듯한 살림에도 학원비는 밀리지 않고 꼬박꼬박 댔다. 하나라도 잘 키우라는 정부의 명령이 '학벌' 간판이 제일이라는 욕망과 만났다. 감옥 같은 학원 생활이 또래의 청소년기를 지배하기 시작했다.

1985년생 □□씨의 형제 역시 한 명이다. 그는 초등학교 시절부터 매일같이 학원에 다녔다. 1990년대 초반 강남과 목동 등지에서 형성되기 시작한 학원가는 꼭 대치동의 복사판이었다. 평일, 주말 할 것 없이 학원에서 친구를 만나고, 학원가에 위치한 PC방이 놀이터였다. 더 이상 상고, 공고에 진학하는 학생은 없었다. 대개는 인문계 고등학교에 진학했다. 친구들 대부분이 대학에 진학할 수 있었다. 모두가 스카이를 꿈꿨지만 실상은 스카이와 인서울, 지잡대로 줄 세워졌다. 친구들의 꿈은 가뿐히 무시되었다. 아니 꿈을 꾼다는 것 자체가 가슴속에서 희미해져갔다.

실종된 캠퍼스 낭만

●○●

1960년대생들이 온 집안의 기대를 받고 지방 대도시에 위치한 국립대에 입학했다면, 그가 4년간 대학등록금으로 쏟아부은 액수는 연평균 75만 원씩 약 300만 원 정도다. 당시 수소 한 마리의 가격이 약 150만 원이었다.[11] 자식 대학 교육을 위해서 농사짓는 집안의 보배인 소 두 마리를 내다 팔아야 했으니 '우골탑 (牛骨塔)'이란 이름이 무색하지 않다.

우골탑 위에 지어진 상아탑, 그 시절 캠퍼스는 낭만으로 가득했다. 화염병과 최루탄이 터지는 교정 안에 통기타 소리가 흘러나오기도 했고, 밤새 통음하며 독재정권에 대한 쓴소리를 쏟아내기도 했다. 시와 고전을 읽고 사회의 작동방식에 대해 고민하며 밤을 지새우기도 했다. 바야흐로 낭만의 시대였다.

그러나 낭만은 오래가지 못했다. 불과 10년 만에 분위기가 바뀌었다. 1975년에 태어난 이들은 본인들을 저주받은 94학번이라고 표현했는데, 이들은 대입부터 고단했다. 학력고사 폐지 및 수능 전면 도입이라는 진폭 큰 입시제도 변화의 첫 실험 대상이 된 것이다. 수능을 한 해에 두 번 본 유일한 세대이기도 했다. 등록금은 10년 전보다 2배 이상 올랐다. 정권에 대한 사회투쟁보다 내 등록금 인하를 위한 학내투쟁이 더 중요해지기 시작했다. 그렇지만 이때까지만 해도 94학번의 대학생활은 미래에 대한 불안보다 낙관에 찬 희망이 더 컸다. 상황이 달라진 것은 그들이 졸업을 한두 해 앞두고 있던 무렵부터다. 국가가 부도 위험에 빠졌다. 하루에도 수십 개의 기업이 문을 닫고, 살아남은 회사들도 신규 직원 채용을 꺼렸다. 취업난이 시작됐다. 10년 전 교정을 장악했던 선배들은 경험한 적 없는 세상이 그들 앞에 펼쳐졌다.

1985년생이 입학하는 2005년이 되자 상황은 더욱 악화됐다. 10대 탈모도 유발하는 입시 관문을 벗어나니 우울증과 공황장애를 가져오는 취업 경쟁이 기다리고 있었다. 대입이 전쟁이었다면, 취업은 지옥이었다. 학점관리, 영어성적, 대외활동, 아르바이트만으로도 24시간이 모자랐다. 그들이 연애와 결혼과 출산보다 먼저 포기한 건 다름 아닌 '자유시간'이었다. 캠퍼스의 낭만은 그들에게 사치였다.

1965년생들에겐 그저 대학 졸업장이 엘리트를 증명해주는 자격증이었다. 시골의 농군들이 자식 농사를 위해 소 두 마리를 포기하는 이유는 거기에 있었다. 하지만 고등학교 졸업자의 80%가 대학을 가는 사회가 되면서 대학 졸업장은 그 어떤 것도 보장

대학 졸업장의 가치는
세대별로 얼마나 다를까

● ○ ○

22.3배

19.7배

12.3배

1965년생   1975년생   1985년생

대학 졸업장의 가치는 세대별로 투자한 등록금 대비 졸업 후 평균소득의 배수로 계산했다. 즉, 등록금의 투자자본수익률(ROI)은 '졸업 후 7년간 연평균 소득'을 '투자한 연평균 등록금'으로 나눈 배수다. 세대별 '연평균 등록금'은 태어난 해를 기준으로 만 19세에서 24세까지 지출한 등록금으로 계산했으며, '졸업 후 소득'은 태어난 해를 기준으로 만 30세에서 36세까지 해당하는 연도의 평균소득으로 계산했다. 데이터는 통계청의 가계동향조사, 한국은행 소비자물가지수, 국공립대학교 납입금 지수, 대학교육연구소가 발간하는 등록금 통계를 기반으로 재구성했다.

하지 못하게 됐으며 역설적으로 누구나 대학에 가지 않아도 되는 사회가 됐다.

미국의 《월스트리트 저널》은 2년 전, 한국인들에게 더 이상 대학 졸업장은 가치가 없다고 보도하기도 했다. 2018년 취업사이트 '잡코리아'가 직장인과 취업준비생을 대상으로 한 조사에 따르면, 설문 참가자의 54.5%가 대학 졸업장의 가치가 없다고 응답했다. 고등학교로 돌아간다면 전문 기술을 습득하겠다는 응답자가 33.8%에 이른다. 그렇다면 우리는 묻지 않을 수 없다. 우리는 아무것도 보장하지 못하는 대학에 가기 위해 왜 그리도 전쟁 같은 시간을 보냈으며, 부모들은 등골 휘는 사교육비를 감내했는가?

왼쪽 그림은 세대별 대학 졸업장의 가치를 보여준다. 가치 산정을 위해 등록금을 자본투자라 여기고, 졸업 후 7년간 연평균 소득과 비교했다. 이른바 등록금의 투자자본수익률(ROI: Return on Investment)이다. 1965년생에게 대학 졸업장은 등록금 대비 22.3배의 수익을 가져다줄 수 있었다. 1985년생의 경우 12.3배로 줄어드는데, 등록금 ROI가 1965년생에 비해 약 81%포인트 낮다. 같은 기간 세대별 학력에 따른 임금 격차 역시 감소하는 양상을 보인다. 1960년대생 대졸자의 초반 평균소득이 100이라면 비대졸자는 82.3으로 약 18의 차이가 있지만, 1980년대생 대졸자와 비대졸자 간 평균소득 차이는 14로 다소 줄었다. 이는 대학 졸업장 프리미엄이 그만큼 사라진 것을 의미한다.

대학 졸업장을 얻기 위한 비용은 커졌지만, 그 보상은 확실히 예전만 못하다. 특히 등록금의 인상은 가팔랐다. 1989년 정부는 수익자 부담 원칙에 따라 등록금 자율화를 선언했는데, 그 결과 연평균 8.8%씩 등록금이 인상됐다(정우성, 2015).[12] 이러나저러나 80년대 대학생활은 남는 장사였다.

과거에 비해 비싼 등록금을 내며 힘들게 졸업장을 얻었음에도 사회와 기업들이 생애 최초 구직자들에게 요구하는 조건은 더욱 냉혹해졌다. 과거 기업들의 채용방식은 자체적으로 개발한 영어와 전공시험에 의존하고 기본지식 및 소양평가 위주였다. 하지만 70년대생이 취업문에 들어선 1997년 이후부터는 급격히 취업 장벽이 높아진다. 필기시험이 폐지되고 대신 직무능력검사가 광범위하게 도입된다. 프레젠테이션 면접은 필수가 되었으며 토익과 토플로 대표되는 영어시험이 보편화됐다. 인턴사원제가 도입된 것도 이 시기다. 직업 안정성은 대폭 낮아진 반면, 입사의 문턱은 더욱 높아진 것이다.

알다시피 2000년대에 이르면 취업문은 바늘구멍만큼 좁아진다. 기업행사, 아르바이트, 봉사, 어학연수, 교환학생, 취업동아리 등 대외활동에 능동적이지 못했다면 서류에서 바로 탈락이다. 영어 능력은 오픽, 토스라 불리는 일상회화, 비즈니스 말하기 시험으로 진화했다. 역량면접이란 이름의 제도도 도입돼 생애 최초 구직자에게 해당 직무에 대한 능력을 시험한다. 그 와중에 인턴제는 '티슈인턴, 금턴, 흙턴, 부장인턴' 등 각종 신조어를 만들어

낼 만큼 보편화됐다(류동희 외, 2012).[13]

　금턴이든 흙턴이든, 어렵게라도 직장에 들어가 미래를 도모할 수 있으면 그나마 다행이다. 일자리 자체가 사라지고 있기 때문이다. 일하고 싶은 사람은 많고, 일할 자리는 없다. 단군 이래 최고의 스펙을 가졌다는 이들이 절망에 빠지는 이유다. 학벌, 학점, 토익, 어학연수, 자격증, 공모전, 인턴, 봉사에 성형수술까지 이른바 취업 9종 세트를 모두 갖춰도 취업 낭인이 되기 십상이다. 과연 일자리는 원래 해법 없는 사회문제인 걸까?

문제는 일자리다

●○●

　1980년대 대학생에게 학점관리, 영어성적, 자격증, 어학연수를 준비했는지 물어본다면, 당신은 필시 개념을 탑재해야 할 계몽의 대상으로 여겨졌을 것이다. 민족, 민주, 통일의 고담준론이야말로 대학생만이 가질 수 있는 특권이었으며, 이 특권은 곧 낭만이었다. 386세대가 낭만적일 수 있었던 이유의 8할은 걱정 없는 취업 환경 덕분이라 할 수 있다.

　386세대가 20대 후반을 달리던 1980년대 말부터 1990년대 중반까지, 한반도는 하늘이 열린 이래 최고의 호황을 누리고 있었다. 가고 싶은 회사에 골라서 갈 수 있었고, 대학 졸업장은 대기업으로 향하는 프리패스 입장권이었다. 기업은 아무런 증명서

청년 실업률은
세대별로 얼마나 다를까

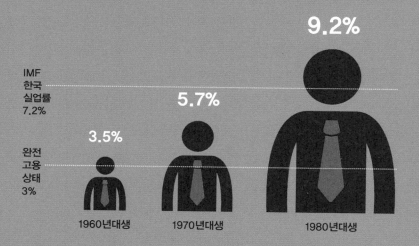

9.2%

IMF
한국
실업률
7.2%

5.7%

완전
고용
상태
3%

3.5%

1960년대생   1970년대생   1980년대생

60년대생이 20대 후반을 지나던 시절, 그들 세대의 실업률은 3.5%였다. 하지만 20년
후 이 수치는 급반전한다. 80년대생이 20대 후반을 지나던 시절, 이들 세대의 실업률은
9.2%에 이른다. 쉽게 말해, 386세대의 '청년 실업률'은 3.5%였던 반면, 밀레니얼세대라
불리는 80년대생의 '청년 실업률'은 9.2%다. 우리나라에서 가장 극심한 불황을 상징하
던 시기인 IMF 외환위기 당시에 전체 실업률은 7.2%였다. 그러니 밀레니얼세대는 IMF
외환위기 때보다 더 심각한 고용 위기에 놓였던 것이다. 데이터는 통계청의 경제활동
인구조사(1980~2018년) 마이크로데이터를 세대별로 재구성한 것으로, 각 세대별 20대
후반 실업은 태어난 해를 기준으로 만 25~29세에 해당하는 응답자의 고용 상태를
기준으로 했다.

없는 자를 인재라 부르며 극진히 모셨다. 스펙 경쟁이란 것은 존재하지 않았다. 그 모습은 20대 후반 세대별 실업률을 보면 확인할 수 있다.

왼쪽 그림을 들여다보면 눈에 띄는 한 집단이 있다. 바로 386세대다. 취업에 본격적으로 나설 20대 후반의 386세대 실업률은 3.5%였다. 거의 자연실업률 상태에 가까운 수준이다. 자연실업률이란 말 그대로 이직이나 휴직 등으로 인해 통계상 자연스럽게 잡히는 실업자의 비중을 뜻한다. 보통 경제학자들은 3% 중반을 자연실업률로 상정하는데, 경제학자 존 메이너드 케인스(John Maynard Keynes)는 이를 '완전고용상태'라고 표현한다. 그렇다. 386세대의 취업 환경은, 원한다면 누구나 취업할 수 있는 완전고용상태였다. 이들이 30대 후반에 이를 즈음이면 1.2%라는 꿈의 실업률에 도달한다.

그때와 지금은 상황이 사뭇 다르다. 80년대생의 20대 후반 평균 실업률은 9.2%. 386세대에 비해 3배 가까이 높다. 실업률 9.2%가 체감되지 않는다면, 1997년 외환위기 당시를 떠올리면 쉽다. 나라의 곳간이 거덜나고 대다수 직장인이 해고 위협에 시달릴 때를 말이다. 당시 우리나라 전체 실업률은 7.2%였다. 그러니까 1980년대생들은 IMF 때보다 적어도 1.3배에 가까운 실업 지옥 상태를 견디고 있는 셈이다.

IMF 외환위기의 충격은 세대별로 상이하다. 3장에서 더욱 자세히 살펴보겠지만, 외환위기가 최고조였던 1998년 70년대생의 실업률은 약 9.8%였다. 이에 반해 60년대생의 실업률은 7.6%로 실업의 위협은 상대적으로 낮았다. 같은 시기 386세대의 바로 윗세대인 50년대생의 실업률은 7.9%로, 역시 386세대보다 높았다. 건국 이래 가장 심각한 경제위기에서도 60년대생은 여느 세대보다 건재할 수 있었다.

일자리의 단순 양이 아니라 그 '질'도 한번 비교해보자. 일자리의 질은 비교적 최근 들어 논의되기 시작한 개념이다. 흔히 '양극화'나 '이중구조' 문제로 불린다. 양극화는 크게 두 축이다. 하나는 기업 규모의 차이, 또 한 가지는 고용형태(정규직/비정규직)의 차이다. 기업 규모에 의한 일자리 양극화는 고질적인 한국 경제의 숙제다. 재벌 문제, 대기업과 중소기업 간 임금 격차가 그것이다. 아직 이 숙제를 풀지 못했고, 오히려 더 악화되고 있다.

60년대생이 직장에 자리 잡을 무렵에는 그나마 괜찮았다. 1997년 대기업과 중소기업 입사자의 월급 차이는 약 39.4만 원. 80년대생이 대학을 졸업하고 직장에 취업하던 2016년에 그 차이는 190.3만 원으로 5배 가까이 껑충 뛴다. 2019년 최저임금은 8,350원으로, 하루 8시간씩 주5일을 근무하면 174.5만 원을 받으니 대기업과 중소기업의 임금 격차가 최저임금을 받는 한 사람의 월급보다 약 10%포인트나 크다.

대한민국 경제에서 중소기업 종사자가 차지하는 비중은 전체의 80% 이상이다. 다수가 선망하는 대기업 일자리 수는 자동화

1997년 이후 대기업과 중소기업의
임금 격차는 얼마나 벌어졌을까

● ○ ○

190.3만 원

131.8만 원

39.4만 원

1997년　　　　　　　　2007년　　　　　　　　2016년

임직원 수 300인을 기준으로 대기업과 중소기업을 나눴으며, 전 산업을 대상으로 했다.
임금은 상여금, 시간외수당, 명절수당 등 각종 임금수당이 모두 포함된 상용임금 총액
이다(노민선, 2017).[14]

추세와 더불어 줄어들고 있는 한편 중소기업 일자리의 질이 점점 떨어진다는 것은 생애 최초 구직자가 감당해야 할 경쟁의 무게가 날이 갈수록 더욱 커지고 있음을 뜻한다.

사회생활 초기 소득에서도 1960년대생의 압도적인 운을 확인할 수 있다. 오른쪽 표는 세대별 20대 후반의 연소득과 같은 기간의 1인당 GDP를 추산한 것이다. 20대 후반의 연소득은 사실상 취업 후의 평균초임으로 봐도 무방하다. 1990년대 초반 60년대생의 평균소득은 758.5만 원으로 당시 우리나라 1인당 GDP 대비 약 120.3% 수준이었다. 반면 80년대생의 20대 후반 연소득은 2,151만 원으로, 같은 기간 1인당 GDP 대비 77.9%에 불과하다. 즉, 386세대는 당시 1인당 평균GDP보다 20% 더 높은 월급을 받았지만, 80년대생은 20% 더 낮은 월급을 받은 것이다. 그만큼 사회가 인정하는 청년 노동의 대가가 형편없어졌다고 봐야 한다.

지난 20년 동안 도대체 무슨 일이 벌어진 것일까? 한 가지 확실한 사실이 있다. 80년대생들을 채용해 월급 주면서 일을 시키는 상사의 대부분이 60년대생이라는 것이다. 다시 말해 요즘 청년 노동의 대가를 386세대가 산정한다. 이제 직장의 부장, 임원들이 사회 초년생일 때 얼마나 경제적으로 기민함을 보여주었는지 함께 알아보자.

청년 노동의 상대적 가치는
세대별로 얼마나 다를까

● ○ ●

120.3%

108.6%

1인당
GDP
100%

77.9%

1960년대생   1970년대생   1980년대생

각 세대별로 25~29세 무렵의 평균소득이 같은 시기의 1인당 GDP와 대비해 어느 정도
수준에 있는지 확인했다. 1인당 GDP 대비 평균소득은 각 세대별 25~29세 평균소득을
각 세대별 25~29세 때 1인당 GDP로 나눈 수치다. 연평균 소득 데이터는 통계청의 가
계동향조사 마이크로데이터를 활용하여 세대별로 필자가 재구성한 것이며, 당시 1인당
GDP는 한국은행 통계시스템을 활용했다. 구체적인 수치는 아래와 같다.

항목	1960년대생 (1990~1994년)	1970년대생 (2000~2004년)	1980년대생 (2010~2014년)
평균 연소득	758.5만 원	1712.2만 원	2151.9만 원
당시 1인당 GDP	630.4만 원	1576.6만 원	2761.2만 원

풍요 시대를 만난 잉여 세대

●○●

386세대의 풍요로움은 한창 직장에서 일하고 사회적 성공을 향해 나아가는 30대에도 계속된다. 30대 시절이야말로 세대 간 손익이 극명하게 차이 나는 시기다.

전셋집은 한국 사회에서 가장 보편적인 신혼 주거 형태다. 신혼 부부는 대체로 사회 초년생일 확률이 높은데, 한 번에 높은 집값을 감당하기 어려워 전세를 선호하게 마련이다. 물론 전세 역시 큰 목돈을 필요로 하므로 이 시기 가용 가능한 자산이 전셋집에 묶이게 된다. 이는 자산 증식이라는 측면에서 신혼부부에게 손실인데, 생애 주기 전반에 걸쳐 꽤 높은 기회비용을 치러야 하기 때문이다. 따라서 전세에 들어가는 목돈의 규모를 비교하는 것은 세대 간 자산 형성의 '기회'를 비교하는 중요한 힌트가 될 수 있다.

오른쪽 그래프에서 확인할 수 있듯이 60년대생이 30대 초반을 지나던 시기, 소득 대비 평균전세금은 약 18배 수준이었다. 70년대생이 본격적으로 전셋집을 찾아 나선 2000년대 후반이 되면 이는 약 30배 안팎으로 급증하고, 아파트 전셋값이 가파르게 오르는 2010년 이후에는 소득 대비 50배까지 치솟는다. 60년대생은 외벌이 비중이 높은 반면 70~80년대생은 결혼을 해도 맞벌이를 대부분 유지한다는 점에 비춰봐도 전세금 증가폭은 소득으로 따라잡을 수 없는 수준에 이르렀다고 볼 수 있다. 80년대생이 결혼을 포기하게 되는 이유 중 하나다.

신혼부부 최대 고민,
전세금은 얼마나 상승했을까

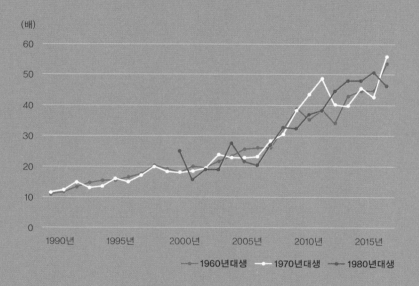

Y축은 월소득 대비 전세금 규모다. 월소득 대비 전세금 규모는 당해연도 평균전세금을 당해연도 세대별 평균소득으로 나눈 수치다. 데이터는 통계청의 가계동향조사 마이크로데이터를 세대별로 재구성했다.

셋방살이를 전전하다 보면 내 이름으로 된 집 한 채가 인생 목표가 되는 순간이 찾아온다. 못 하나 마음대로 못 박게 하는 집주인의 등쌀과 대개 2년마다 찾아오는 전세금 인상 요구를 받아본 사람이라면 누구나 이해한다. 집 없는 설움은 세대를 구분하지 않지만, 그 설움의 크기와 설움을 감내해야 할 시간의 총량은 세대마다 다르다.

오른쪽 그림은 서울의 아파트 평균가격과 세대별 30대 중반의 평균소득을 비교한 결과다. 60년대생의 경우 35세 때의 평균가구소득을 약 10년 정도 모으면 서울에서 아파트 한 채를 장만할 수 있었다. 하지만 70년대생은 같은 나이대의 가계소득 기준으로 15.8년, 80년대생은 16.0년을 모아야 내 집 마련이 가능해졌다.

그런데 이 수치는 가계소득을 한 푼도 안 쓰고 모두 모은 경우, 즉 다소 비현실적 가정을 전제로 한다. 더군다나 가계필수비용은 날이 갈수록 증가하고 있다. 세금이나 사회보험료 등 고정비용이 올랐고, 의식주 비용을 비롯해 교육비, 통신비, 민간보험과 같은 비용도 크게 올랐다.

내 집에서 단란하게 살고 싶다는 소박한 꿈은 같은데, 꿈을 이룰 현실적 조건은 20년 새 너무도 달라졌다. 집이 살려고 사는 물건이 아니게 된 탓이 크다. 3부에서 자세히 분석하겠지만, 집이 재산을 불리기 위한 투자수단이 되면서 집값 상승세를 잡기가 더 어려워졌다. 1990년대생, 2000년대생으로 갈수록 더 암울한 미래가 예상되는 이유다.

서울시 아파트를 사는 데 걸리는 시간은
세대별로 얼마나 다를까

● ○ ○

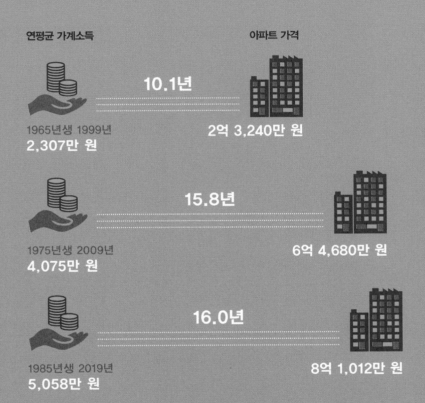

연평균 가계소득

아파트 가격

10.1년

1965년생 1999년
2,307만 원

2억 3,240만 원

15.8년

1975년생 2009년
4,075만 원

6억 4,680만 원

16.0년

1985년생 2019년
5,058만 원

8억 1,012만 원

세대별로 35세 시점의 연평균 가계소득으로 서울시 아파트 평균가격까지 도달하는 시간을 나타냈다. 모든 소득을 한 푼도 사용하지 않고 모은다는 가정을 전제했다. 연평균 가계소득 데이터는 통계청 가계동향조사 마이크로데이터를 세대별로 재구성했으며, 서울시 아파트 평균가격은 KB국민은행 주택가격 통계와 한국감정원 자료를 활용했다.

전세 혹은 주택 마련, 등록금처럼 목돈 쓸 일이 많아지자 자연스럽게 가계가 지출하는 대출이자의 비중도 커졌다. 60년대생이 30대 후반에 자신의 소득에서 대출원금과 이자를 갚는 데 쓴 비용은 전체 소득의 19% 수준에 불과했다. 그런데 같은 지표를 70년대생, 80년대생에 적용하면 각각 32%, 33%를 빚 갚는 데 사용했음을 알 수 있다.

이른바 '청년정책'으로 포장된 학자금대출은 청년들이 빚의 덫에 걸리는 시작이다. 대학 졸업 뒤 학자금대출을 갚기 위해 생활자금대출을 받으며, 결혼할 때가 되면 전세금대출에 이어 주택담보대출을 받는다. 대학생이라고, 신혼부부라고 그나마 빚을 낼 수 있는 혜택을 받지만, 20대부터 은행에 저당 잡힌 인생은 50대를 넘어서야 해방될 듯 보인다.

이런 사실은 월급에서 필수적인 소비지출과 빚을 갚는 데 지출한 비용을 제외한 나머지, 즉 여유자금에서도 확인할 수 있다. 여유자금은 저축률과 결부된다. 전체 소득을 100원이라 할 때 386세대는 36원을 저축했다. 하지만 70년대생, 80년대생들은 각각 8원, 5.7원밖에 남기지 못한다. 남길 돈이 없으니 모을 돈이 부족하다. 모을 돈이 없으니, 미래에 대한 투자는 언감생심이다.

시대는 세대를 규정한다고 했다. 60년대생, 즉 386세대는 풍요로운 시대를 살았다. 같은 시대를 뒤늦게 쫓아가는 세대들에게도 풍요로운 시대였을까? 그렇지 않다. 경제가 성장하고 자유가

저축할 수 있는 여유자금은
세대별로 얼마나 다를까

● ○ ○

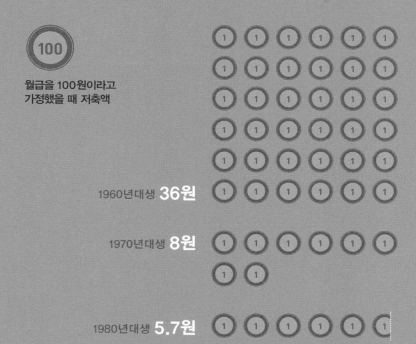

100

월급을 100원이라고
가정했을 때 저축액

1960년대생 **36원**

1970년대생 **8원**

1980년대생 **5.7원**

세대별 30~40대 평균소득에서 가계의 필수적인 비용지출을 제외한 나머지 여유자금의 비중을 계산했다. 필수적인 비용이란 세금과 사회보험료, 의식주 등 필수적인 생활비용, 그리고 대출상환액을 포함한다. 즉, 여유자금의 비중은 '세대별 30~40대 평균소득−세금과 사회보험료 − 필수적 생활비용 − 대출상환액'을 세대별 30~40대 평균소득으로 나눈 값이다. 데이터는 통계청의 가계동향조사의 마이크로데이터를 세대별로 재구성했다.

확장된 80년대에 20대를 보내고, 외환위기의 파고를 넘던 때 30대를 겪었으며, 새로운 세기가 도래할 때 40대가 되었던 386세대에게만 허락된 기회들이 있었다. 다시 말해, 시대가 부여한 운은 세대마다 달랐다. 그런데 운도 실력이라고들 흔히 말한다. 운을 실력으로 만든 그들 세대의 출셋길을 따라가보자.

진격의 386, 부·권력·명예를 쥐다

●○●

386세대는 1987년 이후 경제적 안정을 구가한 상황에서 비교적 빠르게 권력을 쟁취해낸 세대다. 20대의 혈기로 민주화운동의 선봉대 역할을 자임했으며, 이 가운데 일부는 이후 입법부인 국회로 진출하면서 본격적인 권력 쟁취에 나섰다. 이때는 마침 '새로운 피' 수혈에 대한 기성 정치권의 요청과 필요도 있었다.

386세대를 가장 먼저 부른 것은 보수 야당이었다. 1997년 대선에서 이회창은 보수정당 사상 처음으로 정권을 빼앗겼다. 패배를 극복하고 다음 대선에서 승리하기 위해서는 이회창만의 정치적 업적이 필요했다. 시험대는 2000년 총선이었다. 이회창은 정치권에서 '세대교체'를 내세워 노회한 정치인들을 물갈이하고 젊은이들을 '얼굴마담'으로 내세우는 전략을 짰다. 이 젊은이들이 바로 386세대였다. 여당 지도부 역시 세대교체 전쟁에 맞불을 놓았다. 여당 총재를 겸임하던 김대중 대통령은 일찌감치 '젊은

피 수혈론'을 새천년민주당이 주도할 정계 개편의 신호탄으로 던졌다. 야당의 거물급 정치인에 대항하는 공격수이자, 공격에 성공할 경우 대통령의 든든한 우군 집단이 되리라는 계산이 있었을 터다.

이렇게 계산기를 두드리던 여야 정치권의 러브콜에 적극적으로 화답한 게 고진화(63년생), 송영길(63년생), 우상호(62년생), 원희룡(64년생), 이인영(64년생), 임종석(66년생) 등이다. 남경필(65년생)은 이미 1998년 부친인 남평우 전 의원의 작고로 이뤄진 보궐선거에서 당선돼 34세에 국회의원이 됐다.

김대중 대통령의 부름에 화답한 당시 새천년민주당의 386세대는 1999년 '제3의 힘'이라는 이름의 정치단체를 결성해 정치 리더십 교체를 기치로 내걸었는데, 이들이 내세운 취지문에는 386세대의 자부심이 고스란히 드러난다.

군사독재의 기나긴 사슬을 끊어낸 빛나는 자부심을 살려, 여전히 바뀐 게 없는 썩어빠진 구정치의 아성을 향해 하나 되어 다시 나가자.
— '제3의 힘' 발기 취지문 중에서[15]

정치공학적 결정으로 손쉽게 정계에 진출한 이들 386세대 정치인들이 본격적으로 도약한 시기는 2004년이었다. 탄핵 역풍으로 인한 '탄돌이(2004년 노무현 전 대통령의 탄핵 반대 열풍을 업고 국회의원이 된 사람들)' 전성시대가 열린 것이다. 17대 총선에서 386

세대는 270개 의석 중 63석을 차지했다. 그들의 평균 나이는 채 마흔이 되지 않은 39세였다. 역사상 30대에 이렇게 많은 의원을 낸 세대는 없었다. 이들 386세대의 국회 장악기는 17~20대 총선에 걸쳐 총 16년 동안 계속됐으며, 20대 국회에선 300명의 당선자 중 거의 절반인 144명이 386세대다.

국회의원은 정원이 제한되어 있다. 국회의원 선출 게임은 제로섬이란 의미다. 386세대의 약진은 다른 세대의 걸림돌이 되고 만다. 386세대가 국회의원 18명을 배출했던 2000년 총선에서 그들의 평균 나이는 35세였다. 70년대생인 X세대가 18명의 국회의원을 배출한 해는 언제였을까? 2016년 제20대 국회였다. X세대의 평균 나이는 42세로, 386세대보다 약 7년이 지체되었다.

행정부의 중심, 내각과 청와대 수석급 인사에서도 386세대의 비상은 두드러진다. 이는 보수정권과 진보정권을 가리지 않고 계속되었다. 노무현 정부 시절 386세대는 30대 중후반에서 40대 초반 즈음인데, 이때부터 장·차관급 인사가 나오기 시작했다. 환경부 차관에 임명된 박선숙(60년생), 청와대 대통령비서실 사회정책비서관 김수현(61년생)이 대표적이다. 1980년대 학생운동을 함께 경험했다는 정체성으로 엮는다면 보건복지부 장관에 임명된 유시민(59년생) 역시 같은 범주에 포함된다.

이명박, 박근혜 정부 때도 이 같은 경향은 계속된다. 2010년을 전후로 386세대는 조직 내에서 중역을 담당하는 나이대로 진입한다. 이명박 정부 5년 동안 40대 초반에서 50대 초반을 형성한 386세대는 내각의 총 7%를 차지한다. 기자 출신 김해진 특임차관(61년생), 박선규 문화체육관광부 차관(61년생)을 필두로, 박영준 지식경제부 2차관(60년생), 권택기 특임차관(65년생), 이주호 교육과학기술부 장관(61년생) 등이 내각에 편입된다. '노인정부'라는 비아냥을 듣던 박근혜 정부 시절에도 장·차관 가운데 386세대는 29%, 청와대 수석 중에는 21%에 이르렀다.

문재인 정부는 386세대가 명실상부하게 주류가 된 때로, 전체 내각 장·차관급 인사 중 63.3%, 청와대 수석 중 69.6%가 386세대 인사로 채워졌다. 바야흐로 386 전성시대다. 반면 문재인 정부가 들어선 이래 X세대 출신 장·차관, 청와대 수석은 아직 없다. X세대 맨 앞에 선 1970년생이 곧 반백 살을 눈앞에 두고 있지만, 이들은 대체로 실무책임자 위치를 벗어나지 못하고 있다.

시민사회에서도 386세대의 활약은 눈에 띈다. 안경환, 박은정, 박원순 등 40~50년대생 진보적 명망가를 중심으로 단체가 결성되면 386세대가 활동가 역할을 맡아 조직을 운영하는 식으로 시민단체가 굴러갔다. 여기에 정치권, 학계, 언론계 등에 둥지를 튼 386세대가 시민단체를 매개 삼아 씨줄날줄로 촘촘히 연결된다. 그러한 영향 때문인지 시민단체 출신 정치인도 다수 출현했다. 참여연대 출신 김기식(66년생)과 조국(65년생), 녹색연합의 김제남(63년생), 경제정의실천시민연합의 신지호(63년생), 미래정치문화연구회 정태근(64년생), 통일맞이의 하태경(68년생) 등이 시민단체 경력을 발판으로 정치권에 진출했다.

벤처기업으로 출발해 중소, 중견기업을 넘어 대기업을 일군 기업인 중에도 386세대가 적지 않다. NHN 의장 이해진(67년생), 카카오 대표 김범수(66년생), 포티스 대표 이찬진(65년생), 넥슨 회장 김정주(68년생), 엔씨소프트 대표 김택진(67년생) 등은 한국 IT 업계 대표선수들이다.

정부의 전폭적 지원이 없었다면 1980년대 학번 기업가들의 성공이 가능했을까? 외환위기 극복에 대한 절박함 가운데 정부는 천문학적 수준의 재정을 투입해 IT 인프라 구축 사업을 추진하는 한편 코스닥시장(1996년)을 열어 벤처기업 자금 수혈이 원활히 이루어지도록 했다. 여기에 벤처기업육성에 관한 특별조치법(1997년)을 제정해 세금감면, 사무실 무상임대, 저금리융자, 군복무면제 같은 특혜성 정책을 펼쳤다. 국가 경제가 풍전등화의 위기에 섰을 때 벤처업계 386세대는 역설적으로 더 큰 기회를 누린 셈이다.

요컨대, 386세대가 장기 집권의 서막을 성공적으로 열 수 있었던 것은 그들의 능력이 유독 특출했기 때문만은 아니다. 그 성공은 시대적 요행 외에도 윗세대의 정치적 고려, 그리고 정부의 정책적 지원이 있었기에 가능했다. 즉, 시대적 상황이 그들의 빠른 성장을 견인했다고 할 수 있다.

세대란 시대를 넘어서는 존재할 수 없다. 세대는 시대 위에서 살아가기 때문이다. 워런 버핏은 1930년대 미국에서 태어난 것을 행운으로 여겼다. 386세대가 민주화 이후 차지한 권력과 부, 명예 역시 행운의 힘이 작용한 결과라고 하지 않을 수 없다.

다음 2부에서는 1980년대 민주화 과정에 참여하며 배양된 386세대의 특징을 구체화하고, 민주화 훈장이 가져다준 자부심의 실체를 들여다본다.

•○• 세대별 손익계산서

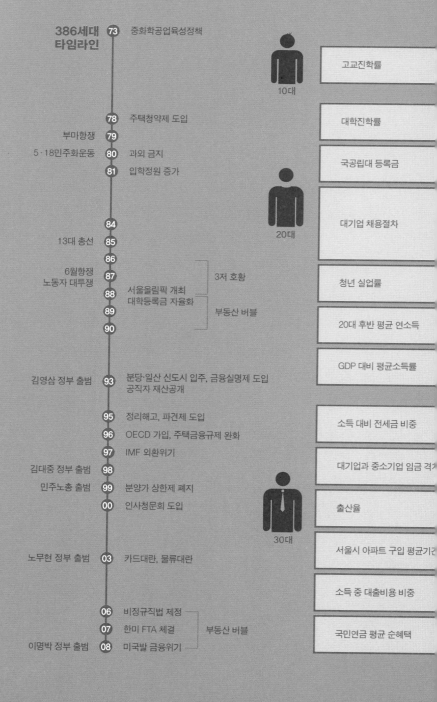

**386세대
타임라인**

73	중화학공업육성정책
78	주택청약제 도입
79	부마항쟁
80	5·18민주화운동 / 과외 금지
81	입학정원 증가
84	
85	13대 총선
86	
87	6월항쟁 / 노동자 대투쟁
88	서울올림픽 개최
89	대학등록금 자율화
90	
93	김영삼 정부 출범 / 분당·일산 신도시 입주, 금융실명제 도입 / 공직자 재산공개
95	정리해고, 파견제 도입
96	OECD 가입, 주택금융규제 완화
97	IMF 외환위기
98	김대중 정부 출범
99	민주노총 출범 / 분양가 상한제 폐지
00	인사청문회 도입
03	노무현 정부 출범 / 카드대란, 물류대란
06	비정규직법 제정
07	한미 FTA 체결
08	이명박 정부 출범 / 미국발 금융위기

3저 호황

부동산 버블

부동산 버블

10대 — 고교진학률

20대 — 대학진학률 / 국공립대 등록금 / 대기업 채용절차 / 청년 실업률 / 20대 후반 평균 연소득 / GDP 대비 평균소득률

30대 — 소득 대비 전세금 비중 / 대기업과 중소기업 임금 격차 / 출산율 / 서울시 아파트 구입 평균기간 / 소득 중 대출비용 비중 / 국민연금 평균 순혜택

386세대	X세대	밀레니얼세대
86.5%	97.5%	99.6%
37.8%	45.8%	81.3%
75만 원	159만 원	339만 원
필기 → 영어 → 집단면접	서류(토익/오픽) → 인적성 → 집단토론 → PT → 임원면접	서류(토익/오픽) → 인적성 → 집단토론 → PT → 역량면접 → 임원면접
3.5%	5.7%	9.2%
758만 원	1,732만 원	2,002만 원
1.7배	1.3배	0.8배
18배	29배	49배
39만 원	143만 원	190만 원
1.59명	1.21명	1.20명
10.1년	15.8년	16.0년
19%	32%	33%
4,667만 원	5,623만 원	5,469만 원

368세대=1965년생 기준, X세대=1975년생 기준, 밀레니얼세대=1985년생 기준

2부

민주화 공로자인가,
수혜자인가

다시는, 다시는 종로에서
깃발 군중을 기다리지 마라 기자들을 기다리지 마라
비에 젖은 이 거리 위로 사람들이 그저 흘러간다
흐르는 것이 어디 사람뿐이냐
우리들의 한 시대도 거기 묻혀 흘러간다

—정태춘·박은옥, 〈92년 장마 종로에서〉(1993) 중에서

1

민주화와
386 DNA

모든 세대는 자기 세대가 앞선 세대보다 더 많이 알고
다음 세대보다 더 현명하다고 믿는다.
— 조지 오웰

교정을 채운 새로운 학생들

●○●

386세대의 가슴팍엔 해묵은 훈장이 하나씩 달려 있다. 잘 보
면 훈장 안에 새겨진 문구까지 보일 정도다. "내가 누군지 알지?"
그들은 1980년대 격변과 함께했다는 이유로 우리 사회의 중심
세력으로 장기 집권 중이다. 그런데 그 훈장 하나로 장기 집권하
는 건 과도하지 않을까? '민주화 유공 훈장'이 오로지 386세대의
전유물인 게 맞는 걸까? 그들 안에 충만한 근자감(근거 없는 자신감
의 준말)이 근거 있는 자신감인지, 아닌지부터 따져봐야겠다. 그들
이 386이라는 이름을 갖기 한참 전, 처음 사회를 접하던 그때로
시간을 거슬러 올라가보자.

국가보위비상대책위원회는 국가백년대계의 근본인 교육의 기틀을 바로잡고 우리 사회의 큰 병폐로 문제가 되고 있는 과열 과외 현상을 근절하기 위하여 「교육 정상화 및 과열 과외 해소 방안」을 만들어 금년부터 시행에 옮기기로 결정하였습니다.

1980년 7월 30일, 광주를 군홧발로 짓밟은 지 두 달쯤 지나 전두환 정권이 다시 한 번 사회를 뒤흔들었다. 이번엔 교육이었다. 이후 7·30 교육개혁조치로 불리게 될 '교육 정상화 및 과열 과외 해소 방안'을 내놓았는데, 이로 인해 대학가 풍경은 확 바뀌게 된다. 20세기 후반 한국 사회를 변화시킬 중요한 틀 역시 이때 생겨난다.

7·30 교육개혁조치는 과외 및 재학생 학원수강 금지, 대학별 본고사 폐지, 대학 졸업정원제 실시와 입학정원 대폭 확대 등의 내용을 담았다. 과열 과외로 빚어진 위화감을 해소하기 위한 취지라는 게 정권의 설명이었다. 즉시 중고등학생들의 과외와 학원 수강이 금지되었고 대학들은 입학부터 졸업까지 교육과정 전체를 뜯어고쳐야 했다. 학교 수업만 받아도 대학 입학에 문제가 없도록 하겠다는 차원에서 입시에선 대학별 본고사가 폐지되었고 내신성적과 예비고사 성적만으로 신입생들을 뽑게 했다.

가장 큰 변화는 대학 졸업정원제와 입학정원 확대였다. 높은 벽과도 같은 입시 문턱을 낮추는 대신에 졸업 요건을 강화해 대학에서도 열심히 공부하는 면학 분위기를 조성하겠다는 의도였다. 마음만 먹으면 쉽게 대학에 들어오되 졸업은 힘들게 하겠다는 것이 골자였다. "입학인원을 81학년에는 졸업정원의 130%, 82학년에는 150%로 하며 그 성과를 검토하여 연차적으로 더 확대한다"는 게 당시의 계획이다. 이와는 별도로 대학이나 학과를 새로 만들고 일부 단과대학을 종합대학으로 격상하면서 대학생 규모를 크게 늘린다는 방침을 세웠다.

교육개혁조치 이후 갑자기 늘어난 신입생들을 받은 대학의 풍경을 생각해보라. 누구나 선망하던 서울대마저 넘쳐난 신입생들이 발길에 차일 정도였는데, 이를 학교 역사에서는 다음과 같이 기록하고 있다.

> 군부정권은 1980년에 실시한 '7·30 교육개혁조치'를 통하여 본고사 폐지, 입학정원 대폭 확대, 졸업정원제 실시, 과외 금지를 강제하였다. 이에 따라 관악캠퍼스에는 거의 2배로 증원된 학생들로 넘쳐나게 되어, 시설 부족으로 허덕이게 되었다. 뒤늦게 조달된 자금으로 각종 시설들이 건설되면서 캠퍼스는 건설 현장처럼 되어버렸다.[16]

처음엔 대학과 학과에 따라 미달 사태까지 속출했다. 1981년 서울대의 경우 모집정원이 6,530명이었지만 합격자 수는 5,292명에 그쳤다. 28개 모집단위 가운데 정원을 채운 곳은 6곳에 불과했다. 그렇게 얼떨결에 대학에 들어온 신입생들의 수준은 어땠을까. 1981년 1월 29일 《경향신문》 기사의 한 토막이다. "이 들은 '관악산에 노루가 뛰논다', '법대교수', '너는 참아다오' 등을 영어로 말해보라는 면접교수의 질문에 '관악마운틴 노루점핑', '티처오브법대', '유 니드 노 에너지'라고 태연하게 대답, 오히려 이들의 느긋한 배짱에 면접한 교수들이 무색했다는 후문이다(고 영신, 1981)."[17] 서울대학교, 그것도 법대에 합격한 신입생들의 실 제 후일담이다.

다른 대학의 상황도 다르지 않았다. 비단 81학번 신입생들만 의 모습도 아닐 것이다. 1981년 교정을 밟은, 이 새로운 학생들 은 원래의 취지대로 아무에게나 주어지지 않는 졸업장을 받기 위 해 열심히 공부했을까. 운 좋게도 '일단 들어온 대학인데 어떻게 강제로 탈락하게 하느냐'는 동정 여론이 일면서 정부는 1983년 8월 탈락자 구제책을 내놓았고 졸업정원제는 슬그머니 자취를 감췄다. 면접관 앞에서 '관악마운틴 노루점핑'을 답하던 신입생 에게도 서울대 법대 졸업장은 쥐어졌을 것이다.

7·30 교육개혁조치는 81학번을 시작으로 대학 입학생들의 수 만 부쩍 늘린 결과를 낳았다. 그런데 쉽게 입학증서를 받은 이들 에게 주어진 선물은 이뿐만이 아니었다. 1982년 1월엔 야간 통 행금지가 해제되었다. 6개월 후엔 해외여행과 해외유학에 관한 규제가 대폭 완화되었다. 지금 돌이켜보자면 우스운 일이지만, 당시로서는 한밤중에도 거리를 나돌아 다닐 수 있고 마음만 먹 으면 다른 나라까지 갈 수 있게 됐다는 사실이 시공간 패러다임

의 변화를 의미했다. 여기에 1980년 12월 컬러TV가 등장하면서 청년들은 이전에 없던 총천연색 대중문화의 향연을 만끽했다. 88서울올림픽 유치가 확정(1981년)되고 나서 프로야구(1982년)와 프로축구(1983년)가 출범한 것도 그 무렵이다.

전에 없던 제도와 문화 속에 새로운 학생들이 대학을 채우면서 군부정권도 차츰 긴장을 풀었다. 이미 한번 크게 맞붙었던 과거의 대학생들과는 결이 달랐기 때문이다. 이들과 새로운 관계 맺기가 중요했고, 구원(舊怨)도 풀어야 했다. 전두환 정권은 대학에 마지막 선물을 내려보내기로 한다. 바로 1983년 12월 학원자율화조치다. 이 조치로 대학에 상주하던 사복경찰이 철수하고 1,363명의 제적생 가운데 복학을 희망한 727명이 학교로 돌아왔다. 상당수는 1980년 광주의 참상 속에 대학을 떠나야 했던 이들이었다.

어리둥절한 모습으로 복학한 그들의 시계는 여전히 1980년 5월 15일 '서울역 회군'(박정희의 죽음 이후 민주화의 열기 속에 대학생들이 대거 모였으나 흐지부지 끝난 사건)의 날에 머물렀다. 박정희의 유신독재가 느닷없이 마감하고 대한민국에도 민주주의라는 게 생겨나는 것 아니냐는 기대감이 샘솟던, 이른바 '서울의 봄' 끝 무렵이다. 그날 10만 명의 학생들은 계엄 해제와 민주화 추진을 외치며 서울역 광장에 모였다. 통제가 어려울 정도로 인파가 몰리자 학생운동 지도부 안의 입장이 엇갈렸다. 힘이 결집된 만큼 끝까지 싸워야 한다는 쪽과, 극한 투쟁으로 신군부에 쿠데타의 빌미를 줘서는 안 된다는 쪽이 맞섰다.

당시 이해찬 서울대 복학생협의회장(72학번)과 신계륜 고려대 총학생회장(74학번) 등이 철야 농성을 주장했고 심재철 서울대 학생회장(77학번) 등은 일단 퇴각하자는 의견을 고집했다. 좁혀지지 않는 논의 속에 심재철이 농성 해산을 발표하자 동력이 크게 떨어진 학생들은 학교로 돌아갔다. 이후는 알려진 대로다. 5월 17일 밤, 비상계엄 확대가 발표되었고 이튿날 광주엔 공수부대가 투입됐다. 전국의 많은 대학에서 학생들이 경찰에 붙잡혀 갔다. 그리고 광주를 피로 물들인 전두환은 그해 9월, 대통령에 취임한다.

당시 회군 결정으로 발길을 돌렸던 이들은 할 말이 없다. 미련 없이 밀어붙이지도 못했고 쿠데타를 막아내지도 못했다. 어쩌면 자신들이 참사를 막아낼 수도 있지 않았을까 하는 후회와 아쉬움을 떨칠 수 없었으리라. 철저히 실패한 이들은, 희망을 품은 후배들이 낯설다. 1981년부터 새로 교정을 차지한 후배들은 그런 선배들이 미더울 리 없었다. 후배들에겐 실패의 경험 없이, 새로운 문화를 선도한다는 자신감이 흘러넘쳤다. 또 수적 규모로도 윗세대를 크게 압도하면서 스스로 새로운 질서를 써내려가기 시작했다. 1980년과 1981년을 사이로 분절의 강이 흘렀다. 물론 주도권은 온전히 후배들 차지였다.

싸우다 생긴 386 DNA

●○●

1982년 5월의 어느 봄날, 점심시간이 조금 지난 부산 자갈치 시장 인근. 여대생 2명이 부산 미국문화원을 찾았다. 손에는 휘발유가 담긴 플라스틱 통 2개씩이 들려 있었다. 미리 기다리고 있던 학생들의 도움을 받아 문화원 출구로 들어서자마자 이들은 휘발유를 현관에 끼얹었다. 바닥에 흥건한 휘발유 위로 누군가 라이터 불을 댕겼고 불길은 펑 소리를 내며 삽시간에 건물 전체를 휘감았다.

그 시각, 몇백 미터 떨어진 국도극장 3층 창문에서는 기다렸다는 듯이 전단지가 뿌려졌다. 이어 문화원 곁의 유나백화점 6층에서도 전단지 수백 장이 팔랑이며 바닥으로 떨어졌다. "미국은 더이상 한국을 속국으로 만들지 말고 이 땅에서 물러가라"는 제목의 전단지에는 "반미투쟁을 끊임없이 전개하자. 먼저 미국 문화의 상징인 부산 미국문화원을 불태움으로써 반미투쟁의 횃불을 들어, 부산 시민에게 민족적 자각을 호소한다"라는 내용이 담겨 있었다.[18]

문부식(77학번)과 김은숙(77학번) 등 부산 고신대 학생들이 일으킨, 1982년 부산 미국문화원 방화 사건이다. 당시 화재로 문화원 안에서 책을 보던 동아대 학생 1명이 숨졌고 5명이 화상으로 중경상을 입었다. 사건 직후 당국은 모두 11명을 붙잡았고, 그 배후에 있거나 이들을 도와줬다는 이유로 천주교 신부 등이 추가로 구속됐다.

다수의 대학생들이 정치적인 이유로 방화한 이 사건은, 반미(反美)라는 화두를 사실상 처음으로 대중에게 각인시켰다는 점에서 한국전쟁 이후 현대사의 자장 안에서 상징적 의미를 갖는다. 앞서 독재정권과 군사정권에 반대하는 여러 투쟁들이 있었지만 이를 규정짓는 공간은 여전히 대한민국의 국경 안쪽이었다. 그런데 광주민주화운동 이후 미국이 전두환 정권을 지원하거나 최소한 묵인하고 있다는 인식이 퍼지면서 반미·반외세의 목소리가 분출된 것이다.

이는 1980년대 학생운동 진영의 이론적 바탕을 마련해줬다는 점에서 더 큰 의미가 있다. 앞선 유신 반대·긴급조치 반대 세력과의 단절을 의미하기도 했다. 이후 반미와 자주는 운동권 안에서 교리처럼 더욱 체계화되어갔다. 부산 미국문화원 방화 사건 3년 뒤, 이번에는 서울 미국문화원을 대학생들이 72시간 동안 점거한다. 역시 광주 학살에 대한 미국의 책임을 묻는 항의 시위였다. 대학생들은 이후 반미, 반외세를 앞세운 조직을 연이어 만들어나간다.

서울 미국문화원 점거농성 사건은 이른바 삼민투(민족통일민주쟁취민중해방투쟁위원회) 소속 학생들이 일으켰는데, 이는 1985년 4월에 만들어진 전국학생총연합 산하 조직이다. 이듬해 구국학생연맹이 만들어지고 자민투(반미자주화반파쇼민주화투쟁위원회), 민민투(반제반파쇼민족민주투쟁위원회), 애학투련(반외세반독재애국학생투쟁연합) 같은 조직들이 얽히고설키며 등장한다.

　누가 더 탄탄한 이론으로 무장하고 강고한 투쟁력을 갖췄느냐를 두고 삼민투, 자민투, 민민투 등의 경쟁이 벌어진 격인데, 이 싸움의 중심에 바로 1981년 이후 새로 교정을 차지한 386세대 초기 멤버들이 있다. 구국학생연맹을 주도했던 김영환·정대화(82학번)나 애학투련 결성을 견인했던 안희정(83학번) 등이 대표적이다. 이들은 선배 세대의 참패를 딛고 이론과 투쟁력을 겸비한 조직을 건설해왔고, 마침내 1987년 이한열 열사의 장례식을 계기로 전국 규모의 단일한 학생 조직인 전대협(전국대학생대표자협의회)을 출범시키기에 이른다.

　전대협은 1기 의장 이인영(84학번), 2기 의장 오영식(85학번), 3기 의장 임종석(86학번) 등으로 이어지면서 한국 사회의 한 축이 되었다. 1989년엔 평양에서 열린 세계청년학생축전에 한국외국어대 학생이던 임수경(86학번)을 비밀리에 파견해 정권을 넘어 세계의 이목을 집중시키며 통일운동의 새로운 물꼬를 트기도 했다. 더 이상 학생운동권은 대학 안에 갇혀 있지 않았고, 이들의 영향력은 세대 전체를 아우르며 더욱 증폭되었다.

　대통령 직선제 개헌 요구를 받아들인 1987년 6·29 선언은 대한민국 현대사에서 중요한 변곡점이지만 당시 대학생들에게도 가장 드라마틱한 순간이 됐다. 선배 세대가 감히 맛보지 못했던 혁명의 완성을 보는 듯했다. 독재정권이 무릎을 꿇고 새로운 헌법이 마련된 것이다. 성공의 경험, 그것도 정권의 탄압에 맞서 싸우면서 일궈냈다는 성공의 경험은 이들의 사고 체계에 DNA로 각인됐다.

박정희 정권 아래서 보릿고개를 청산한 산업화세대에게 나름의 자부심이 있듯이 386세대에겐 '혁명적 낙관주의'가 있다. 전쟁 피난민이 격변의 시대를 관통하며 고군분투하여 끝내 가정의 번영을 이루었다는 영화 〈국제시장〉의 감동 코드와, 평범한 시민들이 압제에 맞서 혁명을 이뤄냈다는 영화 〈1987〉의 감동 코드는 맞닿은 측면이 있다.

반면에 확연히 차이 나는 점 또한 있다. 바로 조직화다. 386세대는 개인의 근면이 아닌 결집을 이룬 조직의 힘으로 승리감을 맛보았다. 특히 전쟁과도 비견될 만한 반정부 투쟁에서 대열을 정비해온 조직은 군대를 방불케 했다. 최루탄이나 쇠파이프 같은 무기가 서로를 겨누는 가운데 상대 진영의 정보를 빼오려는 프락치들의 첩보전조차 일상적이었다. 처음 접하는 상대에게는 경계를 풀기 어려웠고, 같은 편으로 엮이기 위해서는 너와 내가 어떻게 연결되는지 확인하는 일이 중요했다.

이러한 습성은 이로부터 40여 년이 지난 지금도 이어지는데, 386세대의 인사법은 대개 "몇 학번이세요?"로 시작한다. 그렇게 상대방과 나 사이의 족보가 완성되면 이후엔 복잡한 일도 전화 몇 통화로 해결되고 만다. 오죽하면 학번이 없는 이에게도 '그래도 몇 학번쯤 되지 않겠느냐'며 있지도 않는 연결고리를 만들려 할 정도다. 아래는 검찰 개혁을 두고 평검사와 노무현 대통령이 맞붙은 2003년 3월 '검사와의 대화' 한 장면이다.

> 대통령님께서 83학번이라는 보도를 봤습니다. 그 보도를 보고 '내
> 가 83학번인데, 그럼 동기생이 대통령이 되셨구나' 생각했습니다(박
> 경춘, 당시 서울지검 검사).[19]

고졸 출신 대통령에게 인심 쓰듯 학번을 부여한 뒤 '우리가 남
이가?'라는 말을 떠올렸는지, 곧이어 감흥에 젖어 추억 하나를
소환한다.

> 여기 오신 분들 대부분이 386세대입니다. 한국 현대사에 아주 암울
> 한 시절을 겪었고. 최루탄과 돌멩이가 난무하는 그런 시위 현장에서
> 우연히 바라본 하늘 모습이, 지금도 가만히 생각하면 생생히 떠오르
> 고….

386세대가 최루탄과 돌멩이가 난무하는 그 암울한 시절을 이
겨내기 위해서는 '분명한 위계'가 필수적이었다. 위아래가 확실
히 구분돼야 전략과 전술이 일사불란하게 구현될 수 있고, 시시
각각 변하는 상황 속에 상층부가 순발력 있게 지휘할 수 있기 때
문이다. 그러나 시간이 갈수록 필요에 따른 위계는 점점 더 강고
해졌고 토론은 점차 요식행위가 되어갔다. 윗선의 명령은 그대로
아래에서 집행될 뿐이었다.

이와 같은 조직화와 상명하복 문화의 바탕이 된 건 탄탄한 이론이었다. 1980년 서울역 회군과 광주 참사 등으로 사실상 괴멸된 학생운동의 흐름이 '반미 자주화'라는 이론을 적극 수용하고 난 뒤 빠르게 재건되고 조직이 결집된 상황을 눈여겨볼 필요가 있다. 꼭 반미나 반외세일 필요도 없다. 그저 당시의 차가운 머리가 끄덕이며 받아들일 정도로 논리적으로 보인다면 어떤 이론이든 괜찮았다. '어떤 상황에 놓여 있고, 무엇을 해야 한다'는 인식이 명쾌해지면 이를 실행해나가는 조직은 흔들리지 않는다.

다만 한 번 수용된 이론은 교리가 되어 구속력을 높일 뿐 좀처럼 폐기하기 어렵다는 점이 문제다. 이론을 바탕으로 조직이 강화되었으니 그 이론을 스스로 저버리는 건 조직의 붕괴로 이어질 수 있다고 믿어 의심치 않았던 것이다.

1980년대 대학가에 북한의 주체사상이 스며든 것도 이런 까닭이다. 반미 자주화라는 논리 안에 매몰되다 보니, 그것의 가장 편협하고도 극단적 형태인 주체사상까지 자연스럽게 수용되었다. 386세대가 여전히 특정한 자기 논리에 빠져 도무지 타협할 여지를 보이지 않는다면, 그러한 교조적 DNA는 이러한 배경에서 심어진 것은 아닌지 의심해볼 만하다.

386 DNA의 또 다른 형태는 민주화운동이 반쪽으로 끝나면서 도드라졌다. 군사독재 정권으로부터 어렵사리 6·29 '항복선언'을 받아냈지만 이듬해 치러진 대통령 선거에서 전두환의 육사 동기 노태우가 대통령 자리를 이어받은 것이다. 노태우의 승리는

김영삼·김대중 후보의 단일화가 불발되었기 때문이었는데, 내 탓 네 탓 공방 속에 민주화 세력은 갈라섰다. 이제 투쟁은 외부의 적과 내부의 적을 상대로 양 갈래로 전개됐다.

학생들 역시 마찬가지였다. 사실 1980년대 학생운동권 안에서는 자민투와 민민투 등의 조직이 엎치락뒤치락하면서 다른 색깔의 목소리가 꾸준히 새어 나오기는 했다. 다만 투쟁의 대상이 명확했던 시기에는 분출을 자제했다가 6·29 선언과 노태우의 당선, 민주화 세력의 분열을 겪으며 계파 갈등이 본격화했다. 예비역 병장들이 만나기만 하면 축구 얘기를 하듯, 386세대가 모이기만 하면 어김없이 "너 NL(민족해방)이었어? PD(민중민주)였어?"라고 묻는 이유가 여기에 있다. 지금에야 무용담으로 치부되지만 당시엔 사생결단하듯 서로에게 달려들었다. 시간이 갈수록 더욱 촘촘히 계파로 분열되는 가운데, 나와 함께 있지 않다면 어떻게든 쓰러뜨려야 할 적으로 돌려졌다.

정리해보면, 실패의 경험 없는 승리에 대한 확신, 조직력을 바탕으로 한 강고한 투쟁력, 타협하기 어려운 상명하복의 교조적 문화, 다른 목소리를 포용하지 않는 적대적 계파주의가 이른바 386 DNA로 자라났다. 자나 깨나 민주주의를 원했던 386세대가 진정한 민주주의자로 남을 수 없는 한계는 이런 DNA 때문이 아닐까. 당시 이들은 피와 눈물로 민주주의를 쟁취하려 노력했을 뿐, 민주주의를 즐겁게 향유하는 법을 익히지는 못했다.

학생운동의 몰락도 비껴간 그들

●○●

민주주의를 꿈꿨지만 정작 민주주의를 몸으로 아는 데 한계가 있던 386 DNA의 쉼표는 1991년 6월 3일 찍혔다. 노태우 정권에 의해 총리서리로 발탁된 정원식 전 문교부 장관이 자신이 가르치던 한국외국어대에서 마지막 강의를 하고 나오던 때였다. 그가 문교부 장관에 있을 때 전국교직원노동조합(이하 전교조)이 불법단체로 낙인찍힌 데 항의하던 대학생들이 "전교조 교사들을 살려내라"며 달걀과 페인트, 밀가루를 던지고 발길질까지 했다. 다음 날 조간신문 1면에는 허연 밀가루를 뒤집어쓴 채 기겁한 모습의 정원식 총리서리 사진이 대문짝만 하게 도배되었다.

학생들은 이미 날이 서 있던 상태였다. 그해 4월 명지대 학생 강경대가 학원자주화와 등록금 인하를 요구하는 시위 도중 쇠파이프에 맞아 숨졌다. 분노한 학생들이 잇따라 분신하며 노태우 정권을 무릎 꿇리려 했지만 상황이 여의치 않았다. 학생운동의 선배 격인 김지하 시인은 《조선일보》 1면 칼럼에서 "죽음의 찬미를 중지하고 그 굿판을 당장 걷어치우라"며 오히려 학생들을 꾸짖었다.[20] 냉전의 종식과 동구 사회주의의 몰락을 지켜본 시민들도 학생운동권을 바라보는 시선이 예전 같지 않았다. 어설픈 민주주의가 시작됐을 뿐이긴 해도 사람들은 이제 먹고사는 문제에 더 관심을 기울였고 '민족', '자주'와 같은 운동권 구호는 한순간 낡아버렸다.

이때를 놓치지 않은 정권은 총리이자 스승을 모욕한 학생들을 '급진좌경 세력'으로 몰아붙였다. 사람들은 혀를 찼다. 정권이 아닌 학생들을 상대로 손가락질하는 사람이 많았다. 무려 18명이 구속 기소됐지만 무리한 탄압이라는 비판의 목소리는 크지 않았다. 여기에, 분신정국 속에 스스로 숨을 거둔 김기설의 유서를 강기훈이 대필하고 자살을 방조했다는 논란까지 벌어지면서 학생운동권은 찬물을 뒤집어쓰게 된다(강기훈은 23년이 지난 2015년 5월 재심에서 무죄를 확정받는다).

거리의 학생들은 더 이상 과거와 같은 시민들의 지지와 응원을 받지 못했다. 학생운동권의 정당성은 곤두박질치다 1996년 이른바 '연세대 사태'로 또다시 몰락의 길을 걷는다. 2만여 명의 학생들이 연세대에서 점거농성하다 경찰과 크게 충돌해 400여 명이 구속된 사건이다.

이렇게 보면 1991년쯤부터 학생운동은 내리막길을 걸었던 것이 분명하고, 그 운동을 주도했던 청년 학생들의 DNA는 분명 386세대의 그것과는 다르다. 90년대 이후 학생들은 승리의 경험을 맛보지 못했고 선배 세대가 구축했던 조직도 유지해내지 못했다. 90년대 중후반 이후, 이제는 존재감도 없이 대학을 다닌 이들의 미약함은 말할 나위도 없다. 바꿔 말하면, 학생운동의 몰락을 비껴간 386세대에게 비춰진 후배 세대는 '지질한' 무리일 뿐이다.

만약 누군가 1981년에 대학에 입학해 1990년 전후에 졸업했다면 그는 전형적인 386이다. 여유 있게 대학에 들어와보니 선배들은 고개를 떨구고 있었고, 기세등등하게 조직을 갖춰 학교 밖으로 영향력을 키웠으며, 마침내 민주화까지 이뤘다는 평가를 받았다. 새로 마련된 헌법에 따른 대통령 직선을 경험하고 우리나라에서 개최되는 올림픽을 관람하고 나니 대학생활이 끝나갔다. 바통을 넘겨받은 후배들이 판판이 깨지며 흩어지는 모습을 보면 안타까우면서도 "우리 땐 말이야…"로 시작하는 잔소리가 쏟아져 나온다. 386세대의 우월감은 그 어떤 세대와도 비교할 수 없다.

"모든 세대는 자기 세대가 앞선 세대보다 더 많이 알고 다음 세대보다 더 현명하다고 믿는다"라는 조지 오웰의 말은, 386세대에 가장 잘 들어맞는다.

나도 386, 너도 386

●○●

"영화를 보니 울컥하더라고. 옛날에, 그 최루탄이 여기저기 터지는데 백골단은 달려오고… 우리는 그냥 막 뛰는 거야. 앞도 안 보이는데, 눈물 콧물 흘려가면서…." 영화 〈1987〉을 관람하고 난 386세대의 무용담은 대개 이렇게 시작했다. 영화가 제대로 고증을 했다느니, 실제는 영화보다 더 엄혹했다느니, 말들이 이어진다. "아니, 우리 부장님이… 우리 실장님이 민주투사였을 줄이야!" 대개는 증명할 방법이 없다. 무용담은 더 커진다.

 1980년대 민주화운동에 참여했던 이들을 하나하나 꼽는 건 불가능하다. 다만 당시 많은 대학생이 민주화운동에 나서고 이것이 386세대의 대표 이미지를 만들어낸 것만은 사실이다. 입학정원 확대 등의 영향으로 대학진학률은 1980년 27.2%에서 1981년 35.3%로 가파르게 상승했는데,[21] 대학생의 규모가 늘어난 만큼 사회운동에 참여하는 대학생의 수도 부쩍 늘었을 것이다. 그러니 부장님과 실장님이 들려주는 무용담이 허구만은 아닐 수 있다.

 '나도 386이오' 바람은 과거 민주화운동이 다시 조명되거나 386 대표주자들이 사회의 주도권을 잡을 때마다 불었다. 물론 그 반대의 경우는, 십자가에 못 박히는 예수를 부인한 베드로처럼 '내가 무슨 386인가'라며 발을 빼기 마련이다. 노무현 정권 초기 너도나도 386을 자처했다가 정권의 지지율이 떨어지자 모두가 386을 외면한 풍조가 딱 그랬다.

 개인의 시대 편향적 호명법이 어떤 기회에 부응한지와는 별개로 세대 전체가 386 DNA를 흡수할 수밖에 없는 구조에 주목할 필요가 있다. 강렬한 경험을 공유한 세대는 고유한 특징을 공통적으로 지니게 된다는 '코호트 효과' 때문이다.

 386세대가 20대 청년기에 겪었던 경험은 생애 주기에 따라 누구나 겪는 그런 경험이 아니다. 대한민국의 역사를 몇 줄로 축약한다 해도 빼놓을 수 없는 시기다. 시민들은 자발적 저항으로 새로운 헌법과 새로운 정치체제를 만들어냈다. 이 과정에서 특히 부각됐던 건, 대학생들이 때때로 목숨을 걸 정도로 자신을 버리고 거리로 나섰던 강렬한 장면이다.

같은 세대 동년배들은 감정이입이 되지 않을 수 없다. 나의 친구나 형, 동생 같은 이가 최루탄 연기 속에 쓰러져 짓밟히는 장면을 목격하고, 경찰에 붙잡혀 끌려가는 모습에 발을 구르고, 그러다 끝내 목숨까지 잃었다는 소식을 접하면 그와 나를 분리해 생각하기 어렵다. 2014년 4월 세월호 침몰 사고 이후, 몰살된 단원고 학생 또래들이 스스로를 '세월호 세대'라고 불렀던 사례도 같은 맥락이다.

심지어 수용 의지가 없더라도 동질적 특성이 이식되기도 한다. 서강대 사회학과 이철승 교수는 "운동에 참여하지 않은 세대의 다른 구성원에게 운동에 참여한 세대의 중핵은 결정적 영향을 끼칠 수 있다"고 주장한다.

> 세대 내 리더 그룹들과 동조자들 간에 '의미론적' 연대감과 강한 혹은 약한 인적 네트워크가 형성됨으로써, 세대 전체가 각기 다른 의미와 자원의 네트워크로 연결될 수도 있으며, 심지어는 사회운동과 참여를 경유하지 않고도 '비의도적' 수혜-후원 관계의 네트워크 형성이 가능하다.[22]

'나도 386이오' 같은 자기 선택뿐만 아니라 '너도 386이오'라는 외부 규정도 가능하다는 것이다.

자발적 또는 비자발적으로 386에 묶인 이들은 청년기를 지나 중년기로 함께 접어들며 동질감을 높여왔다. 젊었을 때는 경험을 공유했지만, 그 경험을 바탕으로 나이가 들면서는 이익까지 공유했기 때문이다. 이익을 공유하게 되자 세대 안의 차이는 시야 밖으로 사라졌고 다른 세대와의 차이점은 눈에 띄게 부각됐다. 다른 세대와 견줘보면 '우린 결국 한 배'라는 배타적 공동체성은 더욱 강화되어갔다.

모두가 한통속이라는 일반화의 오류가 있다는 것을 모르지 않는다. 눈앞의 불의에 항거하느라 젊음을 바치고 아직도 아물지 않은 상처 속에 고통스러워하는 386세대의 일원도 분명 있다. 민주화 과정에 한 획을 긋고도 잊힌 채 그때의 뜻을 반추해 살아가는 영웅들이 있는가 하면, 한껏 스포트라이트를 받은 대학생 대열에 끼지 않았어도 묵묵히 오늘의 대한민국을 만들어온 수많은 이들에 대한 평가는 제대로 이뤄지지도 않았다.

그러나 80년대 뜨거운 젊음을 보낸 대개의 60년대 출생자에게는 그 차이를 상쇄하는 공통의 DNA가 넓게 퍼져 있다. 그들이 원하든 원치 않든 말이다. 자부심을 넘어 우월감 짙은 눈빛 속에 386 DNA가 담겨 있다. 수시로 편 가르기를 하다가도 끼리끼리 붙어다니는 그들의 문화 속에도, 능력에 상관없이 너무나 오랫동안 자리를 보전하는 그들의 수완에도, 386 DNA는 숨어 있다.

2

민주화,
그들만의 전매특허인가

성문 앞 수레바퀴 자국이 어떻게
말 두 마리 힘으로 만들어진 것이란 말인가.
— 맹자

살아남은 자들의 어깨동무

●○●

오랫동안 들판에만 존재한 사람들이 있었다. 박정희 독재정권
이 만들어놓은 제도 밖에서 수십 년간 목숨 걸고 투쟁했지만 엄
혹한 시절 스스로를 드러낸다는 건 언감생심이었다. 재야(在野)
세력 이야기다. 재야 세력은 한국 민주화의 주춧돌을 놓고 80년
대 민주화운동의 산파이기도 했지만, 피와 희생의 역사를 오랫동
안 함께한 탓에 상처도 깊다.

긴급조치가 쏟아지던 1970년대, 세상은 살벌했다. 민초들이
술 먹다가 나라를 욕해도 잡혀 가던 시절이라 '막걸리 국가보안
법'이라는 말이 나올 정도였다. 법원에서는 한국 헌정사상 가장

많은 사형과 무기징역이 쏟아졌던 만큼, 인권이나 민주와 같은 단어는 설 자리가 없었다. 전태일 분신(1970년), 유신 선포(1972년), 민청학련 사건(1974년)에서부터 부마항쟁(1979년), 그리고 1980년 광주 참사에 이르기까지 이들 재야 세력의 피와 땀은 곳곳에 스며들었다. 이들의 과거를 잠시 따라가보자.

1988년 서울올림픽 개최는 한국 민주화 역사에서 천재일우의 기회였다. 전두환 정권이 제아무리 군홧발로 권력을 차지했더라도 곧 몰려들 선진국 시민들의 시선을 신경 쓰지 않을 수 없었다. 한국의 경제적 성공을 만방에 알림으로써 집권의 정당성을 확보하고 국제 사회에서 위상을 높여보려는 심산도 있었을 것이다. 1980년대 중반 학원자율화조치, 구속인사 석방, 정치활동규제 해금, 국회의원 총선 실시 등은 그런 눈치와 계산의 결과였다.

암울했던 1970년대를 지나온 운동가들은 이 기회를 놓치지 않았다. 차근차근 어깨동무를 하고 뭉치기 시작했다. 야당 정치인, 70년대 학생운동권, 종교인, 문인, 언론인 등 재야로 통칭되던 이들은 하나의 전선을 향해 모여들었다. '독재타도,' '직선제 개헌'과 같은 간명한 구호를 외치며 이들이 뭉친 이유는 단순했다. 각개전투로는 전두환의 총칼을 이길 수 없다는 사실을 깨달았기 때문이다.

70년대 학생운동권이 중심이 된 민주화운동청년연합(이하 민청련)은 그 중심에 있었다. 이 조직의 산파 역할을 한 권형택과 한

영수[23]는 '노동운동 등 기층 민중운동 현장과의 유기적 연계성'이 민청련 운동에서 가장 중요한 부분이었다고 증언한다. 역사학자 박태균 역시 이런 증언에 힘을 싣는다. 민청련이 엘리트 재야운동권 조직의 스피커가 아니라 노동과 농민, 빈민운동 등 사회의 다양한 목소리를 담은 대안 세력으로 진화하는 길을 선택했다는 것이다.[24]

각 재야 세력이 대중노선으로 선회하면서 통합에 대한 논의도 활발해졌다. 그 중심에는 문익환 목사가 이끌던 민주통일국민회의(이하 국민회의)와 함세웅 신부가 주도한 민중민주운동협의회(이하 민민협)가 있었다. 두 단체는 민주통일민중운동연합(이하 민통련)으로 통합을 선언하면서 대중과 유리되었던 투쟁 양상을 버리고 '정치적 결사체'로 진화했다. 민통련이 1986년 발간한 《민중의 소리》에 나온 사설 중 한 대목이다.

민통련은 노동, 농민운동을 위시하여 모든 부문 운동과 전 지역운동의 역량이 집중되어야 하며 이를 토대로 종교계, 학계, 법조계 등 양심 세력이 함께하며 전 국민이 참여하는 범국민적 장기집권음모 분쇄투쟁을 거듭 제창하며 이를 위해 모든 세력과 연대할 것임을 선언한다.[25]

민통련의 통합노선은 야당 정치가들에게도 열려 있었다. 광주의 비극이 꼭 3년째 되던 날인 1983년 5월 18일, 김영삼 전 신민당 총재는 23일간의 단식투쟁에 돌입했다. 김영삼의 분투는 1980년대 초 정치 상황에 대한 국민들의 관심을 고취하고 민주화추진협의회(이하 민추협)가 창립되는 결정적 계기가 됐다. 단식투쟁 직후 김영삼은 김대중 전 신민당 대통령 후보 측에 민추협 설립을 제안한다. 당시 김대중은 광주민주항쟁의 배후로 지목돼 전두환의 조치에 따라 미국에 체류 중이었다. 김대중은 전두환 정권을 무너뜨리기 위한 김영삼의 제안에 동의해 총선을 불과 4일 앞둔 1985년 2월 8일 입국했다.

1985년 국회의원 총선거는 국민들의 높아진 민주화 열망을 상징적으로 보여준 사건이었다. 민추협의 지지를 받고 동교동·상도동계 후보들을 대거 공천한 신민당은 돌풍을 일으켰다. 신민당은 서울, 부산, 광주, 대구 등 대도시권에서 높은 득표를 했는데, 여기에는 김영삼, 김대중이라는 걸출한 정치 지도자의 역할이 핵심적이었다.

이후 '양김'이라고 칭해진 두 정치 지도자는 국민들에게 민주화운동을 효과적으로 알릴 수 있는 마이크 그 자체였다. 전두환 정권의 보도 통제 가운데서도 이들의 행보는 주요 뉴스로 다루지 않을 수 없었다. 김영삼, 김대중은 특히 국민들과 재야 운동권을 하나로 엮을 수 있는 정치 리더십을 가지고 있었다. "혁명에서 유일하게 없어서는 안 되는 것은 혁명의 지도자"라는 독일의 정치학자 카를 슈미트(Carl Schmitt)의 말처럼, 민주화를 쟁취하기 위해서는 전두환과 대척점에 있는 상징적 인물이면서도 실제 조직을 이끌 수 있는 리더십이 필요했다. 양김이 당시 재야 세력으로부터 요구받았던 역할이다.

이 두 정치 지도자 역시 총선 승리를 위해 민통련·민청련 등 시민사회단체의 지원이 필요했다. 민추협을 결성하고 신민당을 창당했지만 관변단체를 앞세워 무차별 선거공세를 펼치는 민정당과의 조직 경쟁에서 밀리고 있었기 때문이다. 이로써 야당과 시민사회단체가 민주화의 이름으로 연대를 이뤘다.

사회학자 조대엽은 당시 신민당 승리의 원동력으로 '정당과 재야 시민사회단체의 연대'를 꼽는다.[26] 직선제 개헌이라는 간명한 목표 아래 정당과 시민사회단체의 조직적 파트너십이 대중 속에 단단히 뿌리내렸다는 것이다. 이는 앞서 서술한 민통련의 대중연합 전략의 결과로 해석할 수 있다.

1987년 성공의 주역
●○●

한편 1987년 박종철 고문치사 사건과 4·13 호헌조치는 독재 정권에 대한 대중들의 분노가 폭발하는 기폭제가 됐다. 천주교정의구현전국사제단은 1987년 5월 18일, 광주민주항쟁 7주기를 맞이해 특별한 미사를 준비한다. 사제단은 이 미사에서 박종철 고문치사 사건의 진상이 조작·은폐됐다고 발표하고, 김수환 추기경은 미사 강론을 통해 1980년 광주의 아픔과 박종철의 죽음을 직접 애도했다. 사제단의 발표로 온 국민은 들끓었고, 곧이어 '민주헌법쟁취국민운동본부(이하 국본)'라는 건국 이후 최대 민주화 연합 조직이 수립됐다. 6월항쟁의 시작이다.

사회운동이론의 대가 찰스 틸리(Charles Tilly)는 사회운동이 혁명으로 발전하는 가장 중요한 요인으로 '대중의 동의(동원)'를 든다(Tilly, 1978/1995).[27] 대중적 동의나 동원 없이 운동에 나서면 백전백패라는 설명이다. 틸리가 말하는 '동원의 역량'을 1987년 한국 상황에 대입해보면, 민주화에 동의하는 사람들이 다수파를 형성할 만큼 저항 세력의 자원 동원력이 향상됐다고 평가할 수 있다. 이는 70년대 재야 운동가들이나 80년대 학생운동권의 힘, 혹은 몇몇 단체의 연합만으로는 6월항쟁을 성공으로 이끌 수 없었음을 의미한다. 1980년 광주의 비극을 뼈아프게 기억하는 이들이 '밀면 종국에는 밀린다'는 확신으로 '전진'만 외칠 수도 없었던 상황이다. 결국 또 다른 비극을 막고 형식적이나마 독재에 종언을 고할 수 있었던 것은 민주화에 대한 대중의 동의가 광범위하게 형성된 데 기인한다.

1987년 6월의 성공이 없었다면 대한민국이 지금처럼 아시아에서 민주주의를 가장 잘 이행하는 나라로 평가받기는 어려웠을 것이다. 그렇다면 1987년 민주화 성공의 트로피를 누구에게 바쳐야 하는가? 1970년대 해직 기자이자 민통련 사무처장 출신의 민주화운동가 고(故) 성유보의 분석은 이렇다.[28]

그는 1987년 민주화 성공의 요인을 크게 4가지로 꼽는다. 첫째, 정치적 리더십의 역할이다. 통일민주당이 시민사회단체와 협력 관계에 접어들었고, 그 가운데 김영삼과 김대중이라는 걸출한 정치 리더십을 지닌 인사들이 결합하면서 민주화에 관한 대중적 관심이 커졌다는 것이다.

둘째, 민주개헌이나 독재타도 혹은 고문반대와 같이 간명하고 보편적인 목표를 대중에게 제시했다는 것이다. 전선이 많아지면 싸워야 할 대상도 많아진다. 최대다수의 동의를 구하기 위해서는 최소 목표가 필요하다. 민주화를 쟁취하기 위한 현실적인 조건이었다.

셋째, 1988년 서울올림픽 개최와 미국의 압력 등 외부 조건이 맞아떨어졌다. 전두환의 12·12쿠데타나 5·17계엄령 선포 때와는 다른 양상이었다. 적어도 1980년 5월의 광주와 같이 무자비한 참살은 더는 미국의 동의를 얻을 수 없었다.

마지막으로 학생운동이 대중노선으로 선회했다는 것이다. 실제 학생운동권은 1987년 민주화 과정에서 국본에 참여하지 못할 정도로 재야 세력 등에게서 신뢰를 잃고 있었다. 이들이 늦게나마 선도투쟁의 고집을 꺾고 대중과 함께하는 선택을 보여준 것은 큰 힘이 되었다.

외부적 조건이 무르익은 때에 리더십을 가진 정치인이 나타나 대중을 규합하는 메시지를 던지고, 여기에 민주화를 열망하는 대중의 힘이 합해지면서 1987년의 혁명은 비로소 완성되었다고 볼 수 있다.

많은 이들이 '민주화' 하면 386세대를 떠올린다. 그렇지만 민주화 경력을 훈장처럼 달고 사는 386세대가 민주화에 미친 긍정적인 영향은 다소 과장된 면이 없지 않다. 그들이 민주화 쟁취 과정에서 선발부터 마무리까지 모두 책임진 완봉투수처럼 묘사되는 것은 역사적 진실과 다르다.

60~70년대 운동권 인사인 신문명정책연구원장 장기표(45년생)[29]는 본인의 민주화운동은 "대학 캠퍼스와 친구가 있는 좋은 환경이어서 가능했다"며 "지식인으로서 민주화운동을 의무로 여겼고 (중략) 보상받으면 그 명예는 뭐냐"고 되묻는다(최보식, 2019).[30] 전 민주화운동기념사업회 이사장 정성헌(44년생)[31] 또한 "운동권 세력은 보상받을 만큼 받았다"며 "민주화운동 세력은 과거의 경력을 훈장처럼 달고 다니지 말고 민주화 성과를 국민에게 돌려줘야 한다"고 주문한다(이현택, 2011).[32]

반면 386세대가 느끼는 훈장의 유효기간은 조금 다르다. 386세대 출신의 한 인사는 "386세대는 민주주의에 대한 열망이 있었고, 한발 더 나아가 민주주의와 통일운동을 주도했다"며 자신감을 유감없이 보여준다(배한철, 2007).[33] 온라인서점 '알라딘' 대표 조유식(64년생) 또한 "386세대는 (민주화를 이끈) 헌신의 세대라고 생각한다"며 1990년대부터 '386세대의 차세대 대망론'을 이야기한다(조유식, 1995).[34] 그리고 이 대망론은 아직 끝나지 않았다. 386세대의 가슴팍에는 여전히 낡은 민주화 훈장이 달려 있고, 현재 그들의 우리 사회 내 위상을 보면 그 역사적 수명이 아직 다하지 않았음은 분명하다.

386세대가 견뎌낸 참혹한 시대의 무게가 너무도 컸음을 잘 안다. 비극적 죽음을 맞은 박종철과 이한열, 고문 후유증을 앓는 다수의 민주화 유공자들과 어깨를 걸어보지 못한 아랫세대가 그들의 고통과 헌신을 평가하려 드는 것은 주제넘은 일일 수도 있다. 그럼에도 불구하고, 과거의 헌신으로 오늘의 영광을 보상받는 것이 정당한가는 따져봐야 할 일이다. 모든 세대는 각자 살아가는 시대의 무게를 나눠서 견디고 있기 때문이다.

중산층 노동자, 민주화의 기둥이 되다

●○●

민주주의 이론가들은 조금만 의견이 달라도 논쟁을 시작한다. 그런 그들이 입을 모아 동의하는 한 가지가 있는데, 민주화에서 가장 중요한 조건은 경제적 넉넉함이라는 점이다. 서유럽, 북미, 일본, 호주, 뉴질랜드 등 경제발전 수준이 높은 국가들은 대부분 민주주의체제를 유지하고 있다. 반면, 저개발 국가들에서는 독재나 권위주의 정치체제가 더 일반적인 것은 부인할 수 없는 사실이다. 싱가포르와 같은 도시국가나 종교가 사회를 지배하는 이슬람 국가들을 제외하면 대체로 1인당 국민소득이 높은 나라는 민주화를 달성했으며 이후 권위주의나 독재로의 회귀는 관찰하기 어렵다.

경제발전이 민주화로 이어지는 경로는 간단하다. 산업화에 따라 농촌 인구가 대거 도시로 유입되고, 도시에 사는 사람들의 소득은 점차 증가한다. 소득이 안정적인 인구 집단이 대중교통으로 연결되는 가까운 곳에 모여 살고, 이 안에서 이뤄지는 정보 교환의 비용은 획기적으로 줄어든다. 동시에 교육 수준도 높아진다. 우리는 이러한 시민들을 흔히 중산층이라 일컫는다.

위와 같이 산업화가 진행되고 중산층이 두터워지면 독재정권도 더 이상 변화의 물결을 통제하기 어려워진다. 높아진 소득과 교육 수준, 낮아진 정보 비용, 외국과의 자유로운 교역 등은 사람들이 정치적 권리 요구에 나서도록 유인한다. 다수의 요구가 분출되기 시작하면 이들을 아우르는 포용적인 정치체제로 향해 갈수밖에 없는 구조적 조건이 완성된다.

국민이 체감하는 1인당 GDP가 일정 수준을 넘어서면 민주화에 대한 국민의 관심도가 높아지고, 민주화 이후 개방도가 높아지면 경제발전은 더욱 촉진되는 경향이 있다. 영국과 미국, 인도와 독일 등에서 초기 민주주의와 권위주의의 발생 사례를 분석한 사회학자 배링턴 무어(Barrington Moore)는 경제발전에 따른 '중산층'의 성장 없이는 민주주의도 없다고 설명한다(Moore, 1967/1985).[35]

노동자 세력 역시 민주화 여정에서 빼놓을 수 없는 중요한 존재다. 전태일 열사로 상징되는 초기 한국의 노동자 세력은 조직적 투쟁을 통해 임금 인상과 노동조건 향상을 위해 노력했다. 이들은 단체교섭권과 단체행동권이 금지된 상황에서도 목숨을 건 투쟁으로 요구조건을 쟁취해냄으로써 조합원들의 지지와 신뢰를 확보했다. 그 대표적인 예가 원풍모방지부의 노조민주화투쟁(1972년)과 회사재건투쟁(1974년), 청계피복지부의 노동교실 사수투쟁(1977년), 동일방직 사건(1976년), YH무역지부의 폐업반대투쟁(1979년), 사북항쟁(1980년) 등이다. 노조의 투쟁은 대학생들이 주도한 운동보다도 독재정권의 실상을 알리는 데 더 효과적이기도 했다. 생활 밀착형 투쟁인 까닭이다.

요즘 말로 치면 '먹고사니즘'을 앞장세운 노동운동가의 활동은 민주주의가 대중의 일상과 유리되어 있다는 편견을 무너뜨렸다. 이로써 광범위한 다수를 반독재 연대 활동에 결합하는 데 도움이 됐다. 정치학자 예란 테르보른(Göran Therborn)[36]이나 디트리히 뤼시마이어(D. Rueschemeyer)[37]는 각국의 민주주의 발전사를 실증연구한 결과, 민주화 과정에서 노동 부문의 역할이 결정적 분수령이 된다고 설명한다.

1987년 국본의 주도 아래 대학생들과 손잡고 '호헌철폐 독재타도'를 외친 넥타이 맨 회사원들과 흰 손수건을 흔든 시민들, 경적을 울린 택시 운전사들, 이 밖에 뒤에서 묵묵히 생존투쟁을 벌이던 노동자들은 시대가 바뀌었다는 것을 보여주는 증거라 할 수 있다.

사회학자 한상진은 이러한 도시 중산층 노동자들의 민주주의 지지를 이른바 '중민이론'으로 설명한다(한상진, 2018).[38] 산업화 과정에서 성장한 중산층과 정치적·경제적 배제에 대한 저항의 상징인 민중이 서로 다르지 않다는 것이다. 즉, 한강의 기적을 만들었던 산업 현장의 일꾼들이 민주화를 염원하는 광장의 지지자로 변모했다고 볼 수 있다.

386세대가 1987년 직선제 개헌을 포함한 한국 민주화 과정에 전위부대로서 중요한 역할을 했다는 사실을 부정할 수는 없다. 그렇지만 그들 이전에도 수많은 사람들이 민주화를 위해 일상의 자리에서 열심히 투쟁해온 것도 사실이다.

다음 쪽의 표는 지난 2017년 민주화운동사업회가 조사한 민주주의 시민의식종합조사 결과다. 전 세대에 걸쳐 압도적인 다수가 5·18민주화운동을 가장 먼저 떠올리는 민주화운동으로 골랐음을 알 수 있다. 1987년 6월항쟁을 가장 먼저 떠올린다는 이들은 10명 중 1명이 채 되지 않는다. 다만 눈에 띄는 것은, 87년 6월항쟁의 주역을 자임하는 50대(386세대)를 중심으로 6월항쟁에 대한 인식의 깊이가 다르다는 점이다. 이는 민주화에 대한 기억과 평가가 세대별로 크게 다르다는 것을 나타내는 증거다.

1987년 이후 세상은 달라졌다. 386세대를 포함한 많은 이들의 희생과 헌신 덕분이다. 그러나 장밋빛 가득한 세상은 그리 오래가지 못했다. IMF 외환위기로 나라가 휘청이며 대한민국 경제 구조가 수술대에 올랐다. 곧 교육, 부동산, 노동, 문화 등 사회구조 전반까지 바뀌어버렸다. 이로써 개개인의 삶 또한 송두리째 변화

'가장 먼저 떠오르는 민주화운동'은
세대별로 어떻게 다를까

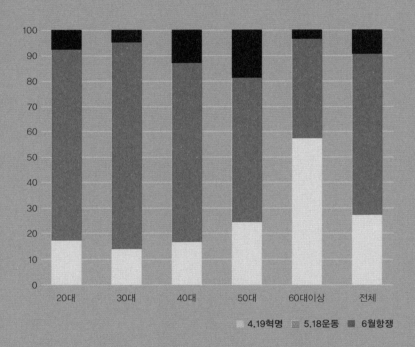

■ 4.19혁명 ▨ 5.18운동 ▦ 6월항쟁

민주화운동기념사업회에서 '가장 먼저 떠오르는 민주화운동'을 설문한 결과, 전체에서
는 1위를 '5·18민주화운동'이 차지했지만, 유신세대인 60대의 과반수 이상은 4·19혁명
을 꼽았다. 386세대인 50대에서도 1위는 '5·18민주화운동'이었으나 '6월항쟁'을 떠올
리는 비율이 18.9%나 되었는데, 20~30대의 인식과는 큰 차이를 보였다.

출처: 민주화운동기념사업회, 2017을 재구성.[39]

했는데, 변화의 충격과 적응력은 세대마다 다르게 나타났다.

　IMF 이후 30년의 시간이 지난 지금, 누군가는 이 나라를 '헬조선'이라 부르고 있다. 무엇이 이 지경에 이르게 했을까? 다음 3부에서는 386세대가 주도한 한국 사회가 헬조선에 이른 과정을 추적해본다.

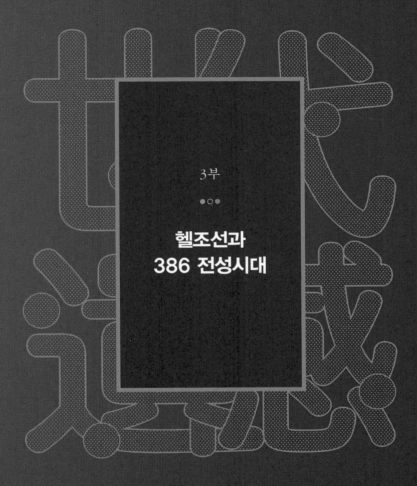

3부

● ○ ○

헬조선과
386 전성시대

3포 세대 5포 세대

그럼 난 육포가 좋으니까 6포 세대

언론과 어른들은 의지가 없다며

우릴 싹 주식처럼 매도해

왜 해보기도 전에 죽여

걔넨 enemy enemy enemy

— 방탄소년단, 〈쩔어〉(2015)

1

스카이캐슬의
기원

대한민국에서 교육이 뭔 줄 알아? 시험 잘 치르게 하는 거야.
일단 한번 성적 잘 나오면 더 열심히 하게 돼 있어.
성공의 기억, 그게 바로 동기부여가 되니까.
그걸 만들어주는 게 부모의 롤이라고.
— JTBC 드라마 〈SKY캐슬〉(2018~2019)

이제 개천에서 용은 나지 않는다

●○○

넓은 벌 동쪽 끝으로는 옛이야기 지절대는 실개천이 휘돌아나
갔다. 얼룩배기 황소가 해설피 금빛 게으른 울음을 울던 시절도
그러했겠지만, 1980년대에도 화려한 무용담을 담은 실개천은
전국 곳곳에 있었다. 이때의 개천은 논에 물을 대던 그 시골 마을
의 개천이 아니다. 가끔 이무기를 용으로 탈바꿈시키던 '인생 역
전'의 개천이었다.

그 무렵에는 '개천에서 용 난다'는 말이 전설로만 그치지 않았
다. 대학은 '공부 좀 한다'는 이들만의 요람이 아니었고, 최상위
권 대학 진학도 한 번쯤은 꿈꿔볼 만한 목표가 되었다. 지방의 이

름 없는 고등학교를 나와 1980년대 중반 서울대를 다닌, 한 386
세대 기자의 회고다.

고교평준화 전 '깡패 학교'로 이름난 학교에서 재수생까지 합해 30
명 가까이 서울대에 진학했습니다. 한 해에 한두 명가량을 서울대에
보내던 학생수 600여 명의 지방 고등학교는 단숨에 입시 명문고가
됐습니다. 그런 탓에 저와 고교 동기생들은 대학생 때 모이기만 하
면 전두환 정권에 대해 온갖 욕을 해댔지만 "그가 아니었으면 우리
는 서울은 고사하고 대학도 가기 힘들었을 것이다"라는 말에는 서로
고개를 끄덕이곤 했습니다(권복기, 2007).[40]

당시 정부가 내놓은 7·30 교육개혁조치가 '깡패 학교'를 명문
고로 탈바꿈해놓았기 때문이다. '관악마운틴 노루점핑'으로 답하
던 지원자에게도 서울대 입학증을 안겨주었던 바로 그 교육개혁
조치다. 조치가 내려진 직후엔 대학 입학정원 확대가 가장 큰 변
화로 읽혔지만, 사실 '과외와 재학생 학원수강 금지'가 바꿔놓은
풍경이 훨씬 더 크다.

군홧발 정권이 과외와 학원수강을 금지한 마당에 어떤 배짱 좋
은 학부모가 사교육에 손을 대겠는가. 정권은 "위반하는 공직자
는 물러나게 할 것이며, 기타 지도급 인사에 대해서도 적절한 조
치를 취할 것"이라고 경고까지 했는데, 그 '적절한 조치'에 콧방
귀 뀔 사람은 별로 없었다. 결국 돈이 많든 적든 학생들은 학교

수업에 만족해야 했다. 한동안 입시 때마다 각 대학 수석 합격자들은 입술에 침도 바르지 않고 '국영수를 중심으로 학교 선생님 말씀을 잘 따랐을 뿐'이라는 뻔뻔한 거짓말을 늘어놓았지만, 이때는 정말 그것이 가능했다.

1969년부터 시행되어 대학별로 치러진 국영수 중심의 입학시험인 본고사 역시 폐지되었다. 수험생들은 지원 대학에 가서 어려운 지필고사를 치르는 대신에 내신성적과 함께 전국적으로 치러지는 예비고사 성적표만 내면 됐다. 다양한 입시전형은커녕, 난이도에 따른 형평성 시비가 있으니 표준점수라도 적용해 논란을 최소화하려는 생각 자체가 없었다. 고등학교 3년간의 내신성적이야 어찌할 수 없는 것이고, 예비고사 성적표를 받는 순간 어느 대학 무슨 학과를 갈 수 있는지가 사실상 결정됐다. 예비고사 성적표는 전국의 수험생을 1등부터 꼴등까지 '객관적으로' 줄 세우는 절대적인 잣대였다. 학교별 내신성적을 내는 데도 별다른 고려사항은 없었다. 명문고 반 1등보다는 시골학교 전교 1등이 나았다.

이처럼 주먹구구식 교육개혁조치였지만 나름 장점은 있었다. 돈 없고 입시정보에 깜깜한 시골 출신이어도 학교 수업만 잘 따라가면 인생 역전이 가능했다. 1981년도 입시가 끝나가는 1월 29일자《동아일보》는 이렇게 기술했다. "서울대 입시 합격자 중 20명 이상을 배출한 고교는 전국 86개교에 달해 지난해 48개교보다 훨씬 늘었다."[41] 이무기를 용으로 탈바꿈시키는 개천은 전국으로 퍼져갔다.

지금의 입시제도와 비교하자면 허술하기 짝이 없지만 도시와 시골, 중앙과 지방을 차별하지 않아 일면 평등했던 이러한 입시 체제는 1991년 7월 역사 속으로 사라졌다. 세계 1등 맹모삼천 지교 나라의 학부모들은 자식 출셋길의 프리패스였던 최상위 대학 입학에 목을 맸고, 서슬 퍼런 독재정권 아래에서도 슬그머니 불법과외가 다시 고개를 들었기 때문이다. 2년 전 이미 방학 중 학원수강을 허용했던 정부는 이때, 학원수강 허용 문제를 아예 각 시도 교육감의 재량에 맡기겠다고 밝혔다. 7·30 교육개혁조 치가 11년 만에 폐지된 것이다.

이후 한 해가 멀다 하고 교육정책은 오락가락 바뀌어갔고 개천 에서 승천하는 용을 보기란 갈수록 어려워졌다. 386세대가 대학 에서 자취를 감추면서 개천의 물 역시 말라갔다.

사교육 시장을 장악한 운동권

●○○

1990년대 초중반 사회에 첫발을 내딛었던 이들에게 "그땐 회 사를 골라서 갔다면서요?"라고 물으면 대개는 멋쩍은 웃음을 흘 릴 것이다. 달러와 유가, 금리가 모두 낮았던 '3저 호황'의 시대 에 취업은 그다지 고통스럽지 않았다. 그러나 언제나 그렇듯, 쏟 아지는 듯한 축복조차 모두에게 내려지지는 않는다. 경제가 나아졌다지만 대학 졸업자의 수가 크게 늘어난 가운데, 모든 이의 눈 높이에 맞는 일자리가 늘 열려 있었던 것은 아니었다. 또 산업구조 재편에 탄력적으로 대응하지 못한 대학의 몇몇 학과 취업준비생들은 갈 곳이 마땅치 않기도 했다.

그때 이들을 기다렸다는 듯이 새로운 시장이 창출되었다. 앞서 말한 것처럼 1991년 7월, 학원수강이 실질적으로 전면 허용된 것이다. 이때부터 학교 밖으로 몰려나오는 중고생들을 거둬들이기 위한 학원들이 우후죽순 생겨났고, 학원 강사들이 사교육 기관에 대거 충원되었다.

경제 호황 속에서도 취업에 성공하지 못했던 대학 졸업자들은 학원으로 눈을 돌리기 시작했다. 특히 학생운동을 경험하면서 반 (反)체제 정서를 품었던 대학 졸업생 중 일부는 정부나 공공기관에 시험을 치르고 들어가 공무원이 되거나 민간 회사에 입사해 회사원이 되는 것을 좀처럼 내켜 하지 않았고, 그러한 기관들 역시 이들을 맞기 거북해했다. 그런 이들에게 후학을 가르칠 수 있는 '학원'이라는 곳은 명분과 실리를 모두 갖춘 직장이 돼주었다.

전교조의 해직 교사들에게도 학원은 피난처였다. 1989년 전교조가 창립한 뒤 이듬해까지 파면이나 해임 등의 이유로 학교에서 등 떠밀린 전국 교사들 수는 1,519명에 이르렀다. 전교조는 김대중 정부 때인 1999년 합법 노조가 됐지만 그사이 많은 해직 교사들이 자의든 타의든 사교육 시장으로 발걸음을 옮겼다. 1980년 7·3 교육개혁조치 이래 10년 만에 다시 문을 연 학원들은, 체제를 정비할 필요도 없이 곧바로 유능하고도 준비된 인재를 확보할 수 있었다.

1989년 해외여행 자유화 조치도 학원 성행에 일조했다. 88서울올림픽을 계기로 한반도 너머 넓은 세상이 보이기 시작했고 해외여행이 자유화되자 미국이나 동남아로 여행을 떠나는 이들이 하나둘 생겼다. 시장에 돈까지 풍족했던 때 아닌가. 문제는 언어였다. 세계 공통어라는 영어만 해도, 그저 쓰기와 읽기로 구성된 학문 정도로 알던 이들에게 회화(會話)는 생소하기만 했다. 여행 일정을 짜면서 머리가 아파질 무렵, 다행히 이들의 두통을 진정시켜줄 곳들이 생겨났다. 영어회화 학원이었다. 지금에야 시골 학교에도 원어민 선생님들이 있다지만 당시에는 언제 전쟁이 일어날지도 모르는, 이름도 생소한 동아시아 반도의 나라 강단에 설 다른 피부색의 강사가 존재할 리 없었고, 역시나 대학을 졸업한 사회 초년생들이 학원에서 환영받았다.

학원이 동네 공부방 수준을 벗어나던 그때를 기점으로 학생과 학부모에게 사교육은 점차 선택이 아닌 필수가 되었고, 사교육 시장은 산업으로 발돋움하기 시작했다. 1993년 통계청 분석에 따르면, 교육비 부담의 가장 큰 요인으로 사교육비를 꼽은 가구는 1990년 36.6%에서 49.9%로 뛰어올랐다. 또 그해 한국청소년학회가 실시한 조사 결과, 초등학생(당시 국민학생)의 82.8%, 중학생의 58.1%, 고교생의 40.2%가 학원수강을 비롯한 각종 과외를 받는다고 답했다.

이제 그 학생들을 끌어모은 학원, 그리고 강사들의 구체적인 면면을 살펴보자. 한때 주식 시가총액이 2조 원을 웃돌던 '메가스터디'의 전신은 '강남 대일학원'으로, 1993년 서울 대치동에 터를 잡았다. 1990년대 강남 대일학원의 대표강사로 명성을 날린 사람이 '조동기'다. 85학번으로 고려대 총학생회 집행위원장이자 전대협 2기에서 활동했던 그는 1998년엔 자신의 이름을 딴 '조동기국어논술학원'을 차려 수십 개 가맹점까지 거느리며 규모를 키웠다. 같은 학원에서 강의를 하다 그 후신 격인 메가스터디를 만든 건 '손사탐(손선생 사회탐구)'이란 별명으로 유명했던 서울대 81학번 손주은으로, 그는 과거 노동운동의 길을 걷기도 했다.

돈키호테 같은 정치인 정청래도 건국대 85학번의 학원장 출신이다. 1989년 미 대사관저에 방화 시도까지 했던 정청래 전 의원은 1994년 '길잡이학원'을 차려 큰 성공을 거둔다. 처음 학원 사업에 손을 댈 때 그 곁을 지켰던 이가 고려대 85학번 양태회이고, 현재 그는 2002년부터 사교육 출판 시장의 큰손인 '비상교육' 대표를 맡고 있다.

2018년 경기방송 사장에 오른 박영재는 서울대 84학번으로, 외국어대 84학번 최원극과 서울 강동 지역에 '청산학원'을 설립했다. 두 사람은 1980년대 후반 전대협의 배후로 지목됐던 '자주민주통일'이라는 조직을 이끌었다. 청산학원의 대표강사 출신 장민성은 1984년 성균관대에 입학해 남한사회주의노동자동맹

(사노맹)에서 활동하다 옥살이를 한 전력이 있다. 장민성은 청산 학원을 거친 후 '유레카논술학원'을 차려 전국적인 명성을 떨치 는데, 함께 손을 잡았던 이가 같은 사노맹 출신의 성균관대 82학 번 박홍순이다. 여기서 잠시 장민성의 솔직한 고백을 들어보자.

> 1990년 11월 구속된 뒤 감옥에서 5년 83일을 꼬박 살고 나오니 남 은 건 부도난 집과 병환으로 날 알아보지도 못하는 아버지뿐이었다. 학원 강사를 한다는 후배한테 '이 쓰레기 같은 것아!'라고 욕해줬는 데, 그게 내가 될 줄은 몰랐다. (중략) 우리는 살아야 했고, 대치동은 우리를 통해 살아야 했다. 서로 이해관계가 맞아들어간 것이다. 대 치동에 뛰어든 우리는 분파가 달랐지만 뜻은 비슷했다. '자본주의의 더러운 돈을 받아먹고 이렇게 타락해 있지만 잠시뿐이다. 유학 자금 이든 우윳값이든 우리 목표를 이룰 때까지만 잠시 눈을 감자'라고 (최보윤, 2013).[42]

잠시만 타락해 있자고 질끈 눈을 감았던 386 출신 스타강사들 의 성공은 '학원 붐'이라는 시대적 조응이 있었기에 가능했다. 처 음 사교육 시장에 진출한 이유는 호구지책 때문이었을지 모르나, 이후엔 대한민국 교육 시스템이 이들을 중심으로 돌아갈 수밖에 없었다. 1994년부터 입시의 성패를 좌우한 대학수학능력시험은 단순 암기력보다 종합적 사고력과 논리력을 요구했는데, 386세 대가 20대 때 익혔던 능력이 여기에 닿아 있었다. 대학에 들어서

자마자 각종 사상을 빠르게 흡수하며 종합적 사고를 키웠고, 안 팎의 투쟁을 거치며 상대의 허점을 파고드는 비판적 논리력을 자연스럽게 흡수했던 터다. 1990년대 후반 대학별 논술고사가 본격화하면서 386세대의 이런 능력은 더욱 각광을 받았다.

여기에 우수 학생들을 뽑으려는 대학들의 엇나간 경쟁으로 사교육을 받지 않고는 상위권 대학에 입학할 수 없다는 통념이 생겨났다. 또 학력고사의 마감 이후 해마다 분화되는 대학 입학전형은 학원가의 '입시 전략'을 필수로 만들었다. 독재정권을 상대로 주도면밀하게 싸움을 치러온 386세대의 진짜 전공, '전략·전술'이 빛을 발하게 된 것이다.

그러는 사이 공교육이 팔짱을 끼고 있던 상황은 두고두고 남을 아쉬운 대목이다. 교사들은 입시 트렌드의 변화는커녕 교육정책의 변화에도 학원 강사들에 비해 상대적으로 둔감하게 반응했다. 교사들이 "다들 학원에서 배우고 왔지?"라고 말하며 공교육의 붕괴를 자인하는 사이에 사교육은 대한민국 교육 전체를 삼켜버렸다. 물론 그 중심에는 386세대가 있었다. 교육시장의 논리에서 시대는 386을 원했고 386은 시대의 요구에 적극 호응했다.

이러한 현상에 현 국가교육회의 의장 김진경(53년생)이 일갈하며 논란을 일으켰다. 전교조 창립에 산파 역할을 했고 전교조 초대 정책실장까지 지낸 인물이다. 노무현 정부 시절 청와대 교육문화비서관이던 그는 자리에서 물러난 직후 가진 언론 인터뷰에서 이렇게 말했다.

현재 사교육 시장은 1980년대 학생운동을 했던 386들이 장악하고 있으며, 상당수는 상상할 수 없을 정도의 돈도 벌었다. (중략) 이제는 이들이 거대한 세력이 돼 교육 개혁을 막기 위해 정치권에 로비도 하고 압력도 가하고 있다(김의겸·박주희, 2006).[43]

손주은의 회고에 따르면, 한 달도 아니고 하루 수업으로 천만 원 넘는 강의료를 챙기는 강사들까지 있던 때다(김성수, 2017).[44] 상상할 수 없을 정도의 돈을 벌고 보니, '이건 아닌데…'라고 자성하는 이들도 생겨나긴 했다. 이러저러한 이유로 학원과 연을 맺었을 수는 있지만 갈수록 오로지 돈이 목표가 돼버렸기 때문이다. 그들이 20대 때 입에 달고 살았던 가치들은 윤리 과목 참고서 속에서 화석처럼 굳어갔다. 계층 이동을 위한 사다리로서의 교육을 돈으로 물들이면서 그들은 우리 사회 모순에 편승했다. 서울대 88학번으로 대치동 스타강사가 되었다가 학원가를 떠난 이범 교육평론가의 말이다.

한국 사회 모순에 편승해서 원래 1억 5천만 원 벌 사람이 15억 원을 버는 거예요. 그래서 '너무 많이 버는 것은 문제가 있다', '너무 많은 돈이 사교육 시장으로 흘러든다'라는 생각은 있었죠. 그래도 이것은 비판이 정교화되기 전이에요. 그런데 2004년 그만두고 나서 보니까 문제가 심각하더라는 거죠. (중략) 돈이 너무 많이 드니까 기회의 평등이라는 최소한의 평등 원칙에 어긋나는 상황이 발생하게

됩니다(이지선, 2008).[45]

사교육 시장에 투신했던 일부 386세대의 반성도 있었지만 항변의 목소리 또한 작지 않았다. 개인의 안위를 위해 학원에 발을 담근 게 아니라고 했고, 사교육 시장은 자신들이 '키운' 게 아니라 의도치 않게 '커진' 것이라고도 했다. 또 공교육에서 찾지 못한 희망을 사교육에서 일군 측면도 있지 않느냐고 변명했다. 하지만 386세대와 종종 비교되는 프랑스의 68세대가 대학 서열화를 혁파해 보편적 교육 기회를 넓힌 것을 떠올려보자. 사교육 시장의 성장에 발맞춰 병세가 깊어진 우리 사회의 교육 문제에 386세대의 책임이 없다고 할 수 있을까.

개천에서 자라난 뒤 더 이상 용을 키우는 개천이 의미 없을 정도로 사교육을 부풀린 책임은, 교육 전문가로서가 아닌 학부모로서도 이어진다.

고역이 된 교육

●○●

The procedure, known as frenectomy, has been used for years to correct a condition popularly known as "tongue-tie," in which the thin band of tissue under the tongue — the frenulum — extends to the tip. If the tongue can't easily touch the roof of the mouth, it is difficult to pronounce some sounds. … However, doctors say the procedure's popularity has soared with the boom in English instruction.[46] 〔소대 절제술은 '혀 유착' 상태를 교정하기 위해 수년간 시술되어왔다. 소대는 혀 아래 얇은 조직이 길게 이어져 있는 부위를 말한다. 혀가 입천장에 쉽게 닿을 수 없다면 몇 가지 발음을 하기가 어렵다. (중략) 그런데 영어 교육 열기와 함께 그 수술이 인기를 끌고 있다고 의사들은 말한다.〕

2002년 한일 월드컵을 두 달 앞두고 미국의 유력 언론이 한국인의 '혀'를 주목했다. 원래 태생적으로 혀가 짧아 특정 발음이 곤란한 이들에게 시술되던 '소대 절제술(frenectomy)'이 영어 교육 붐과 함께 한국에서 유행한다는 내용의 기사다. 수술 대상자들은 대개 5세 미만의 어린이라고 덧붙였다. 더 나은 영어 발음을 위해서라면 말도 제대로 못 하는 자식 혀에도 칼을 댄다는 한국 부모의 유별난 교육열에 세계인들은 혀를 내둘렀다.

이에 앞서 1999년 10월부터는 조기유학이 법적으로 전면 허용됐다. "국제화 개방화 시대를 맞아 유학에 대한 국민적 수요에 부응하기 위한 차원"이라는 게 교육부의 설명이었다(나영필, 1999).[47] 그 국민적 수요란 어린 자식들을 일찌감치 해외로 보내고 싶은 30대 중반 언저리의 부모들 마음을 뜻했다. 병역 의무를 피하고 미국 국적을 취득할 수 있는 원정출산의 유행도 이 무렵이다. 2002년 5천여 명 수준이던 원정출산자는 2003년 8월까지 이미 7천여 명을 넘겼다고 보도되었다(정성호, 2003).[48]

자식의 혀를 절제하고, 우리말도 서투른 아이를 해외로 돌리며, 부른 배를 잡고 출산에 임박해 아예 미국행 비행기를 탔던 이들의 연령대를 헤아려보니 공교롭게도 386세대다. 1980년대 대학생활을 하고 1990년대 사회에 첫발을 내딛은 뒤 수년이 흘러 가정을 일구고 아이를 낳고 기른 이들의 새로운 목표는 '더 잘난 자식 만들기'로 수렴된 것이다.

조기유학의 유행 속에 부인과 자녀를 해외로 보내고 홀로 남아 돈을 버는 '기러기 아빠'도 이때부터 하나둘씩 등장했다. 2004년 한국은행 통계에 따르면, 그해 4월까지 해외의 가족이나 친척에게 보낸 증여성 송금 등의 규모는 5조 원을 넘겼는데, 이는 1년 전 같은 기간보다 20% 이상 늘어난 수치다. 조기유학과 기러기 아빠 현상은 더는 경제력이 있는 일부 특권층에만 국한되지 않았다.

그럼에도 여건이 안 되는 이들은 어땠을까. 자식이 좋은 학교에 들어갈 수 있도록 '하다못해' 주소라도 옮겼다. 장관 후보자로 지명되는 386세대 가운데 위장전입에서 자유로운 이들이 많지 않은 건 이 때문이다. 문재인 정부가 교육정책을 총괄할 장관 후보자를 고르고 골라 지명한 유은혜 교육부장관(62년생)마저 자녀의 초등학교 입학 때 위장전입을 했을 정도다. 열린우리당 부대변인이던 2007년, 이명박 당시 대통령 후보를 상대로 "자녀교육

문제로 위장전입했다는 이유가 더욱 납득할 수 없고 기가 막히다"고 비난했던 그였다.

오죽하면 문재인 정부가 스스로 내걸었던 '고위공직자 후보자 인사검증 7대 기준' 중 위장전입 항목의 기준을 슬쩍 낮췄을까. '인사청문제도가 장관급까지 확대된 2005년 7월 이후 부동산 투기, 자녀 학교 배정 등의 목적으로 2회 이상 한 경우'라는 단서 조항을 추가한 것이다. 더불어민주당 설훈 의원은 언론 인터뷰에서 "지금 장관 연배인 50대 후반에게는 위장전입이나 부동산 투기가 통상화돼 있는 사회 분위기가 있었다"고 고백하기도 했다.[49]

중국 전국시대 맹자의 어머니도 자식 교육을 위해 세 번이나 이사했다는데 386세대의 교육열만 유독 과하다 할 수 있느냐고 반문할지 모르겠다. 하지만 이들의 유별난 교육열을 증명하는 조사 결과도 있다. 김형준 박사가 자신의 학위논문에서 각 세대별 교육비 지출 추이를 분석해보니 역시나 386세대가 가장 높았다(김형준, 2017).[50] 교육비 부담이 큰 40대를 기준으로 보면, 가계 소비 중 교육비 비중은 다른 세대에서 15% 내외였지만 오로지 386세대의 경우 20% 선으로 치솟았다. 부양하는 자녀의 수가 다른 세대보다 줄었음을 감안하면 이들의 뜨거운 교육열은 그야말로 조사 대상이다.

왜 그럴까. 우선 386세대가 고등교육의 혜택을 절감했다는 점을 꼽을 수 있다. 지금이야 대학들이 신입생 유치에 혈안이지만, 과거엔 대학 입학이 그 자체만으로 계층 상승을 뜻했다. 그러다

1980년대 입시제도가 바뀌면서 대학은 일부 엘리트 그룹의 닫힌 성(城)이 아니게 되었다. 실제 4년제 대학 전체의 학생수는 1979년 33만여 명에서 1982년 66만여 명으로, 3년 만에 2배로 껑충 뛰었다. 1980년대 대학진학률은 30%대를 유지했는데 10명 중 3~4명이 대학생이 된 셈이다.

당시 시대상 속에 대학 입학은 우리 사회의 한 축이 되는 것을 의미했는데, 이와 같은 '대학생 프리미엄'은 세대 전체로 충분히 퍼질 정도였다. 소수에 국한된 혜택이라면 세대 현상으로 이어지지 않았을 것이고, 대다수에게 돌아갈 혜택이라면 그 자체가 혜택일 수 없다. 이러한 배경에서 더 나은 교육에 대한 열망은 동년배 모두에게 이식되었다. 그리고 그러한 열망은 자연스럽게 자식들에게 투영되기 마련이다.

IMF 외환위기를 겪으며 386세대는 더욱 자녀교육에 집착하게 된다. 개별 교육 수준이 과거 더 나은 삶에 대한 기대를 키우게 했다면, 이젠 생존을 보장하는 수단의 하나로 간주되기 시작했다. 경쟁에서 뒤처지는 것은 낙오를 넘어 사회적 죽음을 의미하는 상황이 되자 부모들은 자식의 생존을 위해 한 손에는 아파트 분양권을, 다른 한 손에는 좋은 학교 졸업장을 쥐어줘야 한다는 강박에 사로잡혔다.

제도의 변화도 학부모가 된 386세대의 교육열을 자극했다. 세계화의 바람 속에 1997년 초등학교에서 영어가 정규 교과목으로 채택되었고 2000년에는 과외 금지를 규정한 법률 조항에 위헌 결정이 내려지면서 사교육에 대한 모든 족쇄가 완전히 풀렸다. 사교육은 시장을 넘어 산업을 형성했고 부모들은 뭐라도 더 가르쳐야 하는 경쟁에 내몰렸다. 이명박 정부가 내세운 '고교 다양화 300 프로젝트'로 학교 서열화가 심화됐고 그 무렵 자녀들의 고교 입시를 앞둔 부모들은 더욱 안달복달하게 됐다. 다만, 이러한 제도의 변화는 대개 잠재된 열망의 반영임을 유념할 필요가 있다.

아울러, 대학 입시를 앞두고는 물론이고 더 나은 고등학교 입학을 위해서도 다양한 정보와 맞춤형 전략이 필요해진 점 역시 교육에 대한 관심을 증폭시킨 또 다른 원인이 됐다. 학력고사만으로 대학 입시를 끝낸 386세대에게 수백수천 개에 이른다는 대학별 입시전형은 풍족한 기회가 아니라 감당할 수 없는 'TMI(Too Much Information)'일 뿐이다. 때마침 도처에 있는 입시 컨설턴트들이 자녀들의 입시에 도움을 주겠다고 손을 내밀어 주었다. 도움의 손길이 학부모들의 어깨를 가볍게 하는지, 또 다른 과제를 만들어 무겁게 하는지는 별개의 문제다.

결국, 학원 없는 학창 시절을 보내고 상대적으로 수월하고 평등하게 대학 문턱을 넘었던 386세대가 지옥 같은 입시 경쟁 체제를 만들어낸 셈이다. 사교육에 쏟아부을 여윳돈이 없으면 서울 소재 대학 진학, 이른바 '인서울(in-Seoul)'을 기대하기 어려울 정도로 교육 세습 사회를 만드는 데 일조했다. 서울대·고려대·연세대의 고소득층 재학생 비율이 전국 평균보다 2배 가까이 높은

46%나 된다는 점은 이를 방증한다.[51]

그들은 '어쩔 수 없었다' 말하고 싶겠지만, 교육이 고역(苦役)이 되는 수십 년 동안 적극적으로 부화뇌동해온 것만은 분명한 사실이다. 교육 전문가로서, 또 학부모로서 말이다.

입시지옥 속 사교육 희생자들

●○○

2019년 초, 비지상파 프로그램 중 역대 최고 시청률을 찍은 JTBC 드라마 〈스카이캐슬〉에서 흙수저 출신 혜나의 죽음은 많은 시청자의 가슴을 때렸다. 드라마라는 허구의 이야기 속에서 너무나 생생한 현실을 마주하게 했기 때문이다. 인생을 꽃피워보지도 못한 청춘들이 죽음으로 내몰리고 대치동으로 상징되는, 전혀 교육적이지 않은 교육 특구의 현실을.

> 대치동에 직접 가서 보니 괴상한 풍경이 많았어요. 어린아이가 큰 가방을 매고 한 손에는 신용카드를 들고 돌아다녀요. 밤 12시가 넘었는데도 식당에 아이들이 우글우글 들어와서 먹고, 또 어딘가로 공부하러 가요. 이렇게 대한민국이 굴러가고 있더라고요(조현탁, 2019).[52]

〈스카이캐슬〉의 조현탁 감독이 드라마가 마감될 때쯤 털어놓은 제작기다. 그는 이런 현실을 보며 작품에 더욱 진심으로 임하리라 생각했다고 한다. 드라마 속 혜나는 '서바이벌 교육 전장(戰場)'에서 실제 희생된 학생들의 상징이고, 오늘도 죽음을 향한 행렬은 끝없이 이어지고 있다. 대치동 밤거리에서 큰 가방을 매고 한 손에는 신용카드를 든 채.

이는 교육 전문가와 학부모로서 열심히 살아온 386세대 인생 역정의 부산물이다. 그 부산물이 괴상한 늪이 돼버린 건 불가역적 승부를 강요하기 때문이다. 경쟁에서 낙오된 이에게 다시 한 번 기회를 주는 패자부활전을 인정하지 않는다. 갈수록 좁아지는 계단 위에서 죽기를 각오하고 동료들을 밀어내야만 명문 대학에 진학할 수 있고, 그래야만 명함을 내밀며 살아갈 수 있다는 '삶의 철학'을 내리꽂는다. 그 철학을 따르지 못한 청소년들은 극단의 선택으로 내몰린다.

2018년 현재 한국의 청소년 사망 원인 1위가 10년째 자살이라는 점이 이를 방증한다. 여성가족부와 통계청에 따르면, 2016년 청소년 10만 명당 자살자의 수가 7.8명이었다. 사망 원인 2위인 운수사고 희생자의 수 3.8명보다 배가 높은 수치다. 2017년 1년 동안 2주 내내 일상생활을 중단할 정도로 슬프거나 절망감 등 우울감을 느꼈다는 청소년은 4명 중 1명이었다. 이들 모두가 현실 속 혜나가 아니면 무엇이란 말인가.

가장 큰 문제는 극도의 입시 경쟁 속에서 자라나는 청소년들을 극단의 선택으로 내모는 경쟁적 교육구조 자체가 돌이킬 수 없는 불가역성을 띤다는 것이다. 사교육(私教育)이 아닌 사교육(死

敎育)은 멈추지 않는 팽이가 되어 돌아가고 있다. 남들보다 더 잘 가르치고 싶다는 바람을 넘어, 내 아이가 뒤처져선 안 된다는 막연한 불안감이 사교육 시스템을 살찌우고 아이들의 숨통을 쥔다. 앞집과 뒷집 아이가 영어를 배우고 수학을 선행학습 하니, 내 자식만 놀릴 수는 없는 노릇이다. 내 자식은 또 다른 앞집 아이, 뒷집 아이가 되었을 테니 교육 전반이 '죄수의 딜레마' 상황에 처한 모습이다.

386세대가 빗장을 풀어버린 판도라의 상자에서 온갖 괴물들이 튀어나왔지만, 그 끝에 남아 있다던 희망은 아직도 상자 속에 숨어 있는 것일까?

386세대가 사교육으로 돈을 많이 번 것은 대수도 아니다. 학부모가 된 386세대가 광적인 교육열로 자식들을 다그쳤다는 것도 가정사일 수 있다. 하지만 이들이 알게 모르게 바꿔놓은 암담한 교육 현실이 대를 이어 심화 확대되고 있음을 생각할 때, 그 안에서 생명이 꺼져가고 있음을 돌아볼 때 꼭 묻고 싶다. 교육이라는 그럴듯한 명분 아래 무슨 짓을 한지 알기나 하냐고.

그저 '이럴 줄 몰랐다', '내 탓만은 아니다'라고만 할 것인가. 386세대가 눈감은 사이에 깊숙해진 한국 사회의 병폐는 또 있다. 바로 부동산이다.

2
부동산 불패의
신화

돈을 어떻게 벌었느냐에 따라서 어떤 인생을 살았느냐는 거죠
만일 개처럼 벌었으면, 개 같은 인생을 산 거고.
땀 흘려 벌었으면, 땀 흘려 인생을 산 거고.
공짜로 벌었으면, 노력 없이 인생을 살았다는 거죠.
— SBS 드라마 〈쩐의 전쟁〉(2007)

부의 추월차선, 부동산

●○●

국회의원 선거와 대통령 선거, 지자체 선거를 비롯해 매년 가을마다 치러지는 국정감사처럼 온 국민의 이목을 끄는 정치적 이벤트가 또 하나 있다면 인사청문회를 꼽을 수 있지 않을까. 대통령이 임명하는 고위공직자를 대상으로 국회가 국정수행 능력과 자질을 검증하기 위해 2000년 인사청문회법을 도입한 이래로 고위공직자들은 자신뿐 아니라 친인척을 포함해 지금껏 살아온 삶의 흔적 모두를 검증받아야 했고, 여전히 정치면을 맨 앞에 두는 언론들은 정권 친화적이든 아니든 관계없이 인사청문회를 대대적으로 보도해 국민의 관심을 집중시킨다.

인사의 능력과 자질을 검증하는 여러 항목 가운데서도 국민들의 입방아에 오르내리는 가장 큰 이슈가 바로 재산 형성 과정이다. 청문회를 거쳐 간 공직 후보자들의 상당수가 재산 부풀리기를 위해 손을 댄 부동산 투기로 여론의 쓴맛을 봐야 했다. 낙마하는 후보자도 심심찮게 나타났다. 후보자의 재산 형성 과정을 낱낱이 읊는 인사청문회는 사실 부동산 투기의 살아 있는 교본이라 해도 과언이 아닐 정도다. 과도한 시세차익, 투기를 위한 위장 전입, 다운계약서는 청문회에 등장하는 단골손님이고, 청문회는 통과했을지언정 부동산 투기 논란에서 자유롭지 못한 공직자들이 무척 많다.

인사청문회에 한발 앞서 1993년에 시작된 공직자 재산 공개 또한 그야말로 파문을 일으켰다. 시작부터 국회의장, 대법원장, 국회의원, 검찰총장 등 많은 권력기관의 핵심 수장들이 그 자리를 보전하지 못했다. 재산 공개는 곧 공직을 빼앗는 저승사자인 셈이었다.

때마다 반복되는 고위공직자들의 재산 형성 과정에 대한 논란은 한국 사회의 가장 자명한 진리 하나를 들춘다. 부를 축적하기 위해 아파트는 단 한 채라도 반드시 보유해야 한다는 것이다. 사람은 배신해도 제대로 고른 아파트는 배신하지 않는다. 아파트는 가장 전형적이고 모범적인 재산 증식 수단인 셈이다. 한국인 대부분이 개인 자산의 4분의 3 이상을 부동산, 특히 아파트에 '몰빵'하는 이유가 여기에 있다.

금융투자협회의 2014년 가계자산 중 금융자산 비중에 대한 보고서에 따르면 주요국 금융자산 비중은 39~70% 수준인 반면, 우리나라는 24.9%에 불과해 부동산 등 비금융자산의 비중이 높았다.[53] 주식, 채권 등 금융자산의 비중이 50%를 웃도는 주요 선진국과 비교하면 독특한 현상이다.

30대에 자수성가한 백만장자 사업가 엠제이 드마코(M. J. DeMarco)의 표현을 빌리자면, 부동산과 아파트는 한국에서 '부의 추월차선(millionaire fastlane)'이었다. 부자가 되기 위해선 아파트라는 부의 추월차선에 올라야 했다. 재산이 공개된 다수의 고위공직자들은 이 공식을 적극 실천했을 뿐이다. 그 기회를 노렸던 대부분 사람 역시 이러한 흐름에서 자유롭지 못하다.

파란 눈으로 한국 사회를 분석한 프랑스인 지리학자 발레리 줄레조(Valerie Gelezeau)의 『아파트 공화국』(2007)에는 아파트를 통해 부를 축적한 표준적인 한국인의 방식이 잘 묘사되어 있다. 인터뷰 대상자 중 누구도 본인이 부동산 투기를 했다고 증언한 사람은 없었다. 하지만 아파트를 구입하는 것이 재산을 불리는 가장 좋은 방법이었다는 사실엔 모두들 깊이 공감한다.

물론 부동산 불패의 신화는 386세대 이전에도 있었다. 40~50년대생 역시 서울 강남과 목동, 상계동 등의 신시가지 개발을 자산 증식의 호재로 활용했다. 하지만 그 기회는 모두에게 돌아가지 않았다. 개발 정보가 권력과 그 주변부 위주로 돌았기 때문인데, 이것이 세대 내 양극화를 심화하는 한 원인이 됐다. 경제협력

개발기구(OECD) 회원국가 가운데 최고의 노인 빈곤율, 그리고 최고의 노인 자살률이 이를 방증한다.

모든 세대를 통틀어 가장 운 좋게 부를 축적한 사람들이 바로 386세대다. 그들은 균질화한 부동산 개발 정보를 이용해 앞선 세대보다 더욱 기민하고 대담하게, 그리고 전면적으로 추월차선에 올라탔다. 다른 세대와 달리 386세대 구성원들은 차별 없이 아파트 구입에 나설 수 있었다. 점차 투자와 투기의 경계도 모호해졌다. 386세대가 부동산 시장에 뛰어들 때쯤 시장은 이미 과열되어 있었지만 아직은 베팅을 해볼 만한 게임판이었다. 이들의 생애 주기에 맞춰 정권은 사탕발림을 하듯 이들에게 게임판의 VIP 입장권을 선물 꾸러미로 안겨줬기 때문이다.

독재정권의 선물, 신도시 아파트

●○●

386세대가 달린 부의 추월차선은 1989년 4월 27일 발표된 제1기 신도시 개발 계획에서 출발한다. 그 계획은 1980년대 후반 나타난 전국적인 부동산 가격 상승에서 비롯됐다. 6월항쟁의 열기가 가득했던 1986년 아파트 가격은 전국적으로 8.2%포인트 상승했다. 그 이듬해인 1987년에는 19%포인트, 서울올림픽의 열기가 가득한 1988년에는 21%포인트로 껑충 뛰었다. 1989년에는 한 해 동안 무려 31.9%포인트가 오르는 경이적인 상승률을 기록한다. 급속한 산업화 과정을 거치면서 사람들은 도시로 몰려드는데, 서울을 비롯한 수도권의 주택 부족 상황은 개선되지 않았던 게 주요 요인이었다.

이런 상황에서 정부가 빼든 칼이 바로 '주택 200만 호 건설' 정책이었다. 역사상 유례가 없었던 대규모 주택공급정책이었는데, 분당과 일산 등 1기 신도시 건설 계획이 초기 정책의 핵심을 차지했다. 1기 신도시는 서울에서 직선거리로 20~25킬로미터 내에 위치한 지역에 10만 세대 규모로 건설되었다. 깔끔한 주거환경, 저렴한 공급가격, 비평준화된 교육정책, 지하철과 광역도로를 아우른 쾌적한 교통망이 중산층의 눈길을 잡아당겼다.

한 번에 수십만 호를 공급하는 1기 신도시 건설 덕분에 1980년대 중반 연평균 22만 호 정도 공급되던 주택량은 1988년 32만 호로 늘었고, 1989년엔 49만 호, 1990년에는 무려 75만 호까지 급증했다.

이 유례없는 부동산 공급정책의 밑단에는 정권의 정치적 노림수가 있었다. 『아파트 게임』(2013)의 저자 박해천은 주택공급정책이 정권의 정당성을 확보하기 위한 수단이었다고 말한다. 강남 개발, 1기 신도시 개발 모두 이 연장선상에 있었다.

89년도에 노태우 정권이 '주택 200만 호 건설'을 내걸었을 때도 이러한 정치적 판단은 실제로 굉장히 중요한 고려사항이었다. 당시 87년도 (6월항쟁) 이후에 한국 사회 전반이 굉장히 빠른 속도로 급진화되고 있었다. 정부 입장에선 민주화 투쟁을 주도한 특정 세대—특히 베이비붐 세대나 386세대—의 요구를 충족시켜주면서 체제 내로 흡수할 수 있는 통로가 필요했다. 그리고 1기 신도시가 바로 그 통로였다(허완, 2012).[54]

이 200만 호의 주인을 가릴 '아파트 게임'에 새로 입장한 386 세대는 선배 세대들과 비교해 유리한 두 가지 무기를 손에 쥐었다. 바로 박정희 정권 때 만들어진 주택청약제도(아파트 분양제)와 주택금융규제 완화정책이다.

청약제도는 1977년 도입된 이후 현재까지 40년 넘는 세월 동안 우리나라 아파트 정책의 근간이 돼왔다. 급속한 산업화 과정에서 서울의 과밀화 문제가 심각한 사회문제로 대두되자 주택문제 해소는 정권의 관심사로 떠올랐다. 하지만 딱 관심까지였다. 저소득층의 주택문제를 해소하려면 대규모 공공임대주택 건설이 정공법이지만 여기에는 막대한 재정이 소요된다. 다른 꾀가 필요했다. 정권은 민간의 주머닛돈을 눈여겨봤다.

우선 집을 사고 싶은 국민들에게 매달 일정한 액수의 청약저축을 강제했다.[55] 정부와 주택은행은 그 청약저축액을 모아 국민주택기금을 만들고 기금 일부는 토지공사(토공)에게 건네져 개발 용지의 기초 공사를 하는 데 쓰인다. 또 나머지 기금의 일부는 주택공사(주공)와 건설사가 저금리로 빌려 아파트를 짓는 자금으로 사용한다. 국민들은 청약통장으로 아파트 분양을 신청해 당첨을 받는다. 무주택자일수록 당첨 확률은 높다. 당첨자는 계약금, 중도금, 잔금이란 명목으로 아파트 건설 비용을 연이어 지불한다. 건설사는 그 돈으로 차례차례 아파트를 올린다.

아파트 실물은 한참이 지나야 보인다. 국민들로선 당장 눈에 보이지도 않는 집에 적지 않은 목돈을 오랜 시간 주기적으로 태워야 한다. 불안할 수도 있지만 분양가가 주변의 시세보다 저렴하다면, 주판알 튕길 필요도 없이 무조건 남는 장사다. 이것은 분양가 상한제가 베풀어준 은전이었다. 도시연구자 이은은 "한국인들이 아파트에 열광하게 된 결정적 요인은 순전히 경제적 이유"라면서 "시세보다 낮은 가격에 아파트를 분양받은 가구는 중간계급으로 편입되고 체제의 수호자가 된다"고 설명한다.

1990년대 중반, 386세대는 정부로부터 두 번째 선물을 받았다. 주택금융규제의 완화다. 분양가 상한제가 있다 해도 아파트는 여전히 종잣돈이 있어야만 덤벼들 수 있는 대상이었다. 밑천이 변변치 못한 이가 아파트를 장만하고 싶다면, 미래의 소득을 당겨야 하는 수밖에 없다. 빚을 내야 한다는 말이다. 이렇게 미래 소득을 당겨 땅과 아파트에 묻을 수만 있다면, 빚의 부담을 상쇄하고도 남을 열매가 맺혔다. 이를 가능케 할 부동산 담보대출규제 완화는 외환위기를 1년 앞둔 1996년에 이뤄진다.

1996년 김영삼 정부는 세계화와 선진국 진입을 주창하며 OECD에 가입한다. 이를 축하하듯 해외자본도 한강의 기적을 이룬 동아시아의 용에게 달러 뭉치를 꽂으려 했다. 우리 정부와 금융권은 달러가 흘러갈 투자처 마련이 시급해졌다. 그런 상황에서 과도하게 규제받던 주택금융 부문이 눈에 들어왔다.[56] 고위공직자들이 부동산 투기로 돈을 번 광경을 목격한 국민들도 주택금융규제 완화를 한목소리로 요구했다.

1995년에는 주택은행법이 개정돼 최장 30년, 최대 1억 한도의 대출상품이 출시되었다. 동시에 1990년대 초반 연 20% 가까이 되던 금리는 10% 초반대로 낮아졌다. 돈을 빌려서 집을 살 때의 이자 부담이 훨씬 줄어든 것이다. 이자 부담과 향후 집값 상승의 프리미엄을 계산해본 이들은 곧바로 돈을 빌려 아파트에 투자하거나 분양권을 획득하는 데 혈안이 되었다. 시중에 넘쳐나는 자금은 은행을 거쳐 개인에게, 그리고 아파트 시장에 차례로 흘러 들어갔다.

1997년의 외환위기는 주택금융규제 완화를 보다 가속화했다. 먼저, 과거 30년간 주택금융시장에서 핵심 역할을 해온 한국주택은행이 1997년 8월 민영화됐는데 그러면서 공격적으로 영업에 나선다. 또한 부동산에 대한 금융기관의 여신을 제한해온 한국은행 여신관리 규정이 1998년 1월 폐지되었다. 1999년 7월에는 금리자유화의 마지막 4단계가 완결돼 금융산업 진입 제한이 한층 완화되고 은행의 주택금융 업무 영역이 확대되었다. 이제 금융기관 대부분이 개인을 상대로 한 주택담보대출에 발 벗고 나선 것이다.

금융기관으로서도 주택담보대출은 아주 매력적인 상품이다.

1990~1999년 금융기관별
주택담보대출 잔액 추이

●○●

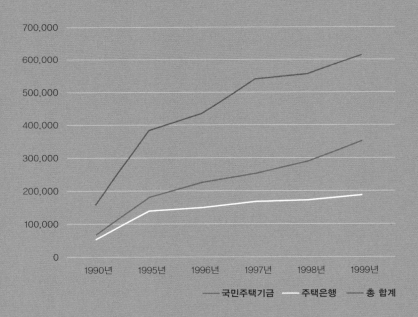

700,000					
600,000					
500,000					
400,000					
300,000					
200,000					
100,000					
0					
1990년	1995년	1996년	1997년	1998년	1999년

—— 국민주택기금　—— 주택은행　—— 총 합계

1990년부터 10년간의 주택담보대출 잔액 추이를 살펴보면, 주택금융규제가 완화되기 시작한 1995년부터 가파르게 성장했음을 알 수 있다.

출처: 김경환, 2007을 재구성.[57]

개인 신용대출의 경우, 소득은 얼마인지, 직업은 얼마나 안정적인지, 다른 금융기관의 대출은 없는지 등을 꼼꼼히 따져야 한다. 하지만 주택담보대출은 '주택'의 등기부등본만 깨끗하면 그만이다. 주택의 공시지가나 실거래가를 정부가 정해놓은 LTV(주택담보대출비율) 한도 공식에 넣고 계산해 대출해주면 끝이다. 은행 역시 사람에게 배신당할 수는 있어도 주택에 배신당할 일은 없었던 것이다. 그 결과 은행의 주택담보대출은 급상승한다. 왼쪽의 그래프는 주택담보대출 잔액 추이를 보여주는데, 주택금융규제가 완화되기 시작한 1995년부터 대출은 급격히 상승한다. 내 돈 아닌 은행 돈으로 집을 마련하는 시대가 열린 것이다.

생애 주기상 내 집 마련의 요구가 가장 높은 시기는 30대 중반이다. 전 세대를 거쳐 30대 중반 이후 자가(自家)점유율(자기 집에서 직접 거주하는 가구의 비율) 상승 현상이 관찰된다. 386세대가 그러한 단계를 지나던 1990년대 초중반은 한국 부동산 역사상 전무후무한 가격 안정기였다. KB부동산에서 집계한 장기 통계에 따르면 1991년 200만 호 공급이 완료된 직후 전국의 집값은 서서히 안정화하기 시작해 IMF 위기 이전까지 연착륙에 성공한다. 외환위기 때 가격이 10%포인트 가까이 하락하지만 곧 안정세를 되찾는다.

1993년에서 2003년까지 10년간의 가격 안정기에 386세대는 본격적으로 자산을 매입한다(150쪽 그래프 참고). 1993년 22%에 불과하던 386세대의 자가점유율은 2003년 51%까지 2배 이상 상

1986~2016년
아파트 매매가격 지수

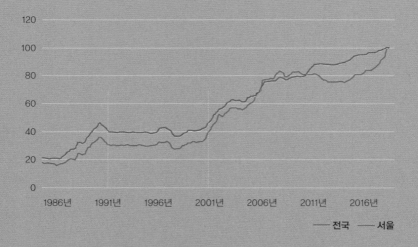

1991년 200만 호 주택 공급이 완료된 직후 전국의 집값이 서서히 안정화하기 시작해 1993년부터 2003년까지 10년에 걸쳐 가격 안정기를 누렸다. 386세대는 이 시기에 본격적으로 자산을 매입했다.

출처: 국민은행 주택통계시스템, 한국감정원 통계시스템

승했다. 1999년 한국노동패널을 세대별로 구분해 분석하면 자가를 소유한 386세대 중 78%는 단독주택이나 빌라가 아닌 아파트를 보유했다. 같은 시기 50년대생은 20.9%, 40년대생은 36.2%에 불과했다. 386세대의 유별난 아파트 사랑을 확인할 수 있다.

386세대는 이 같은 부동산 정책의 변화에 능동적으로 올라탔거나 주도적으로 그 흐름을 만들었다. 사회학자 손장권의 분석에 따르면, 수도권 신도시 아파트의 초기 입주자들 가운데 가장 높은 비중을 차지한 연령층은 386세대였다. 분당이 속한 성남시의 경우 1985년 44만 7,692명에서 1995년 86만 9,094명으로 늘었는데 이 과정에서 가장 인구가 많이 늘어난 연령층이 30대였다. 1995년은 60년대생 구성원들이 막 30대에 진입했을 무렵이다. 일산 신도시가 위치한 고양시 역시 마찬가지였다. 신도시 개발 과정에서 30대 초반은 인구점유율 8.6%에서 13.3%로 뛰어올랐다(손장권, 2003).[58]

이와 같은 386세대의 부동산 불패 신화가 독재정권의 정책 덕분이었다는 점은 역설적이다. 박정희 정권이 만든 청약제도와 분양가 상한제, 그리고 노태우 정권의 주택 200만 호 건설정책과 1기 신도시 계획의 합작품이 386세대 한 사람 한 사람의 경제적 토대가 되었다. 그 과정에 누군가 돈이 부족하다면, 주택금융규제의 완화 흐름이 이를 보완해주기도 했다. 부동산 정책의 3종 세트인 공급과 금융, 세제 가운데 세제를 제외한 나머지 2개는 특혜에 가까웠다.

2017년 주택자산가액의
연령별 소비자 비중

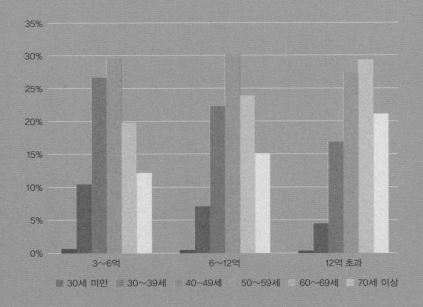

주택자산가액에 따라 세대별로 소유자 비중은 크게 다른데, 386세대인 50대는 다양한 액수의 주택자산을 가장 많이 보유하고 있으며, 12억 초과의 주택자산의 경우에도 60대 와 비등했다.

그 결과 386세대는 아랫세대는 올라오지 못할 피라미드의 상층부 대열에 합류했다. 왼쪽의 국토교통부가 발표한 2017년 부동산 보유 통계를 보면, 50대에 접어든 386세대는 자산가액 6억 이상의 자산가 집단 중 가장 큰 비중을 차지한다. 전국적 차원에서 중산층에 해당하는 3~6억 상당의 자산가액 역시 다른 세대에 비해 월등히 높다. 주택으로 백만장자 반열에 오른 12억 초과 그룹에서는 60대 세대와 비등하다. 물론 통계의 자산가액은 공시지가 기준이다. 실제 386세대가 가지고 있는 부동산의 실제가액은 이보다 훨씬 높을 것이고, 아랫세대와의 격차는 더욱 벌어질 것이다.

젊은 날 독재정권에 맞섰으나 이후엔 그 정권들이 내놓은 정책의 혜택을 받아 노후까지 달콤한 과실을 맛보게 된 386세대의 역설적 현실이다.

부동산 공화국의 마지막 시민들

● ○ ●

386세대가 분양받은 분당, 일산, 평촌 등 1기 신도시의 경우 평당 분양가가 180~200만 원 수준이었지만 현재는 평당 2천만 원을 호가한다. 집값이 10배 이상 뛰어오르는 사이 직장인들의 소득은 2배도 채 오르지 않았다. 그렇게 386세대는 부동산 불패 신화를 이어갔지만, 신화는 거기서 끝난다. 후배 세대는 자기의

'노오력'만으로는 내 집을 구하지 못하는 시대를 물려받았다.

여기엔 1999년 분양가 상한제 폐지가 결정적 역할을 했다. 외환위기가 발생하자 지방에서는 미분양 물량이 쏟아졌다. 예상치 못한 부동산 불황이 덮친 것이다. 정부는 서둘러 부동산 경기를 부양시키려 했고 그 해법은 가격규제 완화였다. 분양가 상한제를 폐지하고 고급 아파트를 짓기 시작하자 곧 자산가들의 뭉칫돈이 흘러들었다. 1999년 극소수의 VIP만을 대상으로 선분양한 타워팰리스의 총 계약액은 1조 원이다.

고급 아파트가 들어서자 주변 서민 아파트 가격도 덩달아 올랐다. 2003년부터 본격화하는 부동산 가격 상승기의 전조였다. 그 유탄은 고스란히 X세대에게 전가되었다. 아파트를 가졌던 윗세대는 더 좋은 브랜드 아파트로 전환이 가능했지만, 갖지 못했던 아랫세대는 '언감생심'의 처지에 내몰렸다. 그로부터 20년이 지난 요즘, 웬만한 서울 시내의 아파트 분양가는 평당 2천만 원을 넘고 강남은 3천만 원을 호가한다. 연봉 2천만 원의 2년짜리 비정규직을 전전하는 청년들로서는 평당 2천만 원짜리 아파트가 감히 떠올려지지 않는다.

아파트 가격 상승은 필연적으로 가진 자와 그렇지 못한 자의 격차를 더욱 크게 벌려놓는다. 후자는 전자의 아파트에 세(貰)를 들어야 했고, 그 세는 아파트 가격 못지않았다. 세를 놓을 수 있는 1가구 다주택자의 수는 1990년 서울시에만 약 8만 명으로 집계됐다. 27년이 지난 2017년에는 주택 두 채 이상을 보유한 개인의 수가 39만 명에 이른다. 안정적으로 부동산을 보유한 윗세대는 살고 있던 주택을 떠나게 돼도 이를 팔지 않으려 한다. 새 집, 헌 집 할 것 없이 집값이 오르는데 팔아야 할 이유가 없기 때문이다. 더구나 이미 낡은 주택조차 젊은 층이 사기엔 가격이 너무나 올라버렸다.

전세 문제까지 끼면 주택시장 불균형은 더욱 복잡해진다. 한국에만 존재하는 독특한 금융제도, 전세는 공적 주택금융시장이 성숙하지 못한 상태에서 사적 주택금융시장이 먼저 발달해 나온 결과물이다. 전세는 임대인에게 주택가격 상승에 따른 이익과 인플레이션에 따른 위험 감소라는 이득을 준다. 임차인으로서는 보증금을 손실할 위험이 적고 높은 월세를 내지 않아도 되는 점이 매력적이다. 이 때문에 소득 대비 주택매매가격과 전세가격이 안정돼 있고, 시중금리가 매우 높았던 시절에는 장점이 부각되는 상품으로 꼽히기도 했다.

하지만 주택가격이 고공행진하면서 전세가격이 매매가의 50~70% 수준으로 형성되는 요즘은 상황이 다르다. 임차인은 전세금마저 구하기 어려워 아등바등하는데, 임대인은 임차인이 가까스로 마련한 돈을 0%의 이자율로 빌려 그 집을 산 격인 까닭이다. 결과적으로 윗세대가 아랫세대로부터 공짜로 돈을 빌려 부동산 시세차익을 보고 있는 셈이다. 젊은 세대는 평생 주택시장의 주변부만 맴돌지 모른다. 이른바 '세대 간 젠트리피케이션'이다.

이같이 주택시장의 불균형으로 발생한 세대 간 젠트리피케이션은 젊은 층의 인생관, 결혼관까지 바꾸고 있다. 한국보건사회연구원이 2018년 전국 출산력과 가족보건·복지 실태를 조사한 결과를 보면, 2014~2018년 결혼한 청년 세대 부부의 50.2%가 결혼 당시 신혼집을 마련하고자 대출을 받았다. 60년대생 이전 세대(1998년 이전 결혼)는 1억 원 이상 대출받은 경우가 1%에도 미치지 않지만, 그 세대의 자식들(2014년 이후 결혼)은 그 수치가 37.7%까지 높아졌다. 이들이 은행에서 받은 대출금은 부모 세대가 가진 집의 전셋값이 되었다. 청년이 은행에 빚을 지고 그 돈을 윗세대들에게 고스란히 헌납하는 셈이다.

집을 가진 386세대가 복지정책에 역행하는 세력이 될 수 있다는 점은 또 다른 우려다. 정치학자 벤 앤셀(Ben Ansell)은 집을 가진 사람일수록 재분배 정책에 반대한다는 주장을 실증적으로 뒷받침했다. 앤셀의 주장에 따르면, 주택을 소유한 사람은 복지정책이 필요한 생애 주기마다 본인이 소유한 주택을 사적 복지의 수단으로 활용한다. 예를 들어 큰 병에 걸렸을 때나 자식의 대학 등록금, 노후자금이 필요할 때다. 따라서 주택을 가졌느냐 못 가졌느냐는 복지정책에 대한 개인의 정책 선호를 결정하는 중요한 준거가 된다(Ansell, 2014).[59] 국민연금이나 의료보험의 보장성을 강화한들 든든한 집 한 채만 못하다면 세금 부담을 높이는 정부의 복지정책 확대를 환영할 이유가 있겠는가.

함께 잘 사는 세상을 꿈꿨던 386세대는 부동산 공화국의 마지막 시민이 되었다. 부동산 게임에 참여한 그들 세대의 선택은 너무도 당연한 일이었다. 무조건 이길 수 있는 판에서 참여하지 않는 선택을 한다면, 어쩌면 '루저(loser)' 소리를 피할 수 없을지 모른다. 물론 그런 우직함을 보여준 386세대도 많다. 다만 세대 구성원의 대부분이 역사가 바뀌는 대로 그 흐름에 맞춰서 살아왔고, 그 결과 아파트 게임에 참여할 수 있는 '종잣돈'이 기하급수적으로 늘었다는 사실만은 분명하다. 아랫세대의 노력만으로는 감당하지 못할 수준으로 말이다.

3

고용에는
귀천이 있다

먼지 같은 일을 하다
먼지가 되어버렸어.
— 윤태호, 웹툰 〈미생〉

불안정 시대의 불안정 노동

●○●

장난기 어린 표정과 말쑥한 차림으로 사회에 첫발을 내딛은
25세 청년 김용균은 2018년 12월, 입사 3개월 만에 목숨을 잃
었다. 화력발전소의 컨베이어벨트를 홀로 점검하다 벨트에 몸이
끼었다. 2인 1조라는 작업 지침이 있었지만 하청업체 비정규 직
원이던 그에게는 적용되지 않았다. 잠시 숨을 돌리던 대기실에선
허기를 달래주던 컵라면과 과자가 발견됐다. 어두운 작업장에서
그가 움켜쥐었을 손전등은 고장이 난 채로 검은 석탄가루에 뒤
덮여 있었다. 사고를 당하기 열흘 전, SNS 릴레이 시위에 참여한
그가 들었던 손팻말의 글귀는 못다 이룬 유언이 돼버렸다. "문재

인 대통령, 비정규직과 만납시다."

앞서 2016년 5월에는 서울지하철 2호선 구의역에서 스크린도어를 혼자 정비하던 19세 김모 군이 전동열차에 치여 숨졌다. 마찬가지로 2인 1조라는 작업 지침은 서울메트로 본사 직원들에게는 적용될지 몰라도 월급 144만 원을 받는 외주업체 비정규직 수리공에게는 들어본 적도 없는 가상의 서류 파일에 불과했는지 모른다.

김 군의 안타까운 죽음에 가슴을 친 사람들은 추모 글을 적은 포스트잇으로 구의역 스크린도어를 도배했고 관리 책임이 있는 서울메트로에서는 문책 인사가 이어졌다. 그러나 그것으로 끝이었다. 하청업체 비정규직 청년은 다시 살아나 죽고 또다시 살아나 죽어나가고 있다. 김용균이 그랬고, 신축공사장 화물용 승강기에서 떨어져 숨진 일용직 하청 노동자 김태규(26세)가 그랬다. '제발 죽이지만 말아달라' 외치면서.

이처럼 '위험의 외주화'를 감당해야 하는 이들은 비용 절감의 방편이 되기도 한다. 정규직 직원들과 똑같은 일을 하면서도 사내하청 등의 방식으로 턱없이 적은 급여를 받는다. 조선(造船) 경기가 좋았던 2014년과 이듬해, 현대중공업·대우조선해양·삼성중공업 등 조선 3사의 경우 6~7천 명 직영 정규직 노동자와 3~4만 명 사내하청 노동자가 각 조선소에서 일했다. 80%에 가까운 생산 공정을 사내하청 노동자들이 맡은 셈이다(정재우, 2015).[60] 맞닥뜨린 위험의 비율도 꼭 그만큼이었다. 정의당 이정미 의원이 고용노동부로부터 받은 자료에 따르면, 조선 3사에서 5년간 산재로 사망한 노동자 37명 중 하청 노동자는 29명으로, 78%를 차지했다.[61]

비용 절감의 수단이 되고 위험 전가의 대상이 되는 이들은 계약직, 임시직, 파견직, 용역직 등으로 불린다. 기업들이 대놓고 불법 고용을 하기도 하지만 법망을 피하려 교묘하게 편법 고용을 일삼다 보니 각종 변칙적 고용형태가 생겨났다. 포괄적으로 흔히 '비정규직'이라는 단어가 이들을 표현한다. 회사가 직접 고용하는 정규직 노동자가 아닌 이들, 전쟁터의 총알받이처럼 산업 현장의 각종 부담을 몸으로 떠안는 이들이다.

사실 비정규직이라는 단어가 일상적으로 쓰이기 시작한 때는 그리 오래되지 않았다. 1990년대 중반까지만 해도 비정규직이라는 표현은 사람들 입에 오르내리지 않았다. 물론 그때도 임시직이나 아르바이트로 불리는 비정규직 노동이 없던 것은 아니지만 사회문제로 대두될 정도로 심각한 상황은 아니었다. 그러다 IMF 외환위기 전후로 이곳저곳의 일자리가 불안정해지자 그때서야 비정규직에 대한 논의가 본격화했고, 2001년 들어서면서 정부 차원의 실태 조사가 이뤄졌다.

다시 말해, 대략 1997년 외환위기 이전에 사회에 나와 일자리를 잡은 세대에겐 비정규직이 예외적 상황이었다. 이 무렵 누군가에게 취업 여부를 물으면 물었지 '정규직이야?'라고 물을 이유는 없었다. 그러나 이제는 가까스로 일자리를 얻었다는 청년들에

게 으레 후속 질문이 이어진다. '정규직이야, 비정규직이야? 계약직이야, 파견이야? 기간이 언제까진데?'

불안정한 노동 현실은 청년층에게만 국한되지 않는다. 노년층에서도 일하는 노인의 비중은 갈수록 높아져서 2017년 '노인실태조사' 결과, 65세 이상 노인 중 30.9%가 경제활동에 참여한다고 답했다. 그중 73.0%가 생계비 마련을 노동의 이유로 꼽았는데, 급여가 낮은 단순 노무직 비율은 2008년 23.4%에서 40.1%로 급증했다. 실제 65세 이상 취업자 절반에 가까운 45.7%의 월급여는 50만 원 이하였다(장경희 외, 2018).[62] 늙고 쇠약해도 먹고 살기 위해 질 낮은 일자리일망정 붙잡고 있어야 하는 상황이다.

이렇다 보니 엉뚱한 방향으로 불똥이 튀기도 한다. 청년층의 체감실업률('근로 시간이 주당 36시간 미만이면서 추가로 취업을 원하는 근로자'와 '비경제활동인구 중 지난 4주간 구직활동을 했지만 취업이 불가능한 경우'를 모두 실업자로 보고 계산한 것)이 25.1%로 4명 중 1명이 일자리를 구하지 못하는 실정[63] 속에 노인들을 바라보는 청년들의 시선이 싸늘해진 것이다. 2018년 국가인권위원회가 내놓은 노인 인권종합보고서에 따르면, 청년층(19~39세)의 56.6%가 '노인 일자리 증가 때문에 청년 일자리 감소가 우려된다'고 답했고, 77.1%는 '노인 복지 확대로 청년층 부담 증가가 우려된다'고 응답했다.[64] 노동시장에 진입하는 일 자체가 어려운 젊은 세대들이 노인층을 자신들의 경쟁 상대로 겨냥하는 모양새다.

하지만 이는 실상에 부합하지 않는다. 노동총량설(노동수요의 총량은 고정돼 있어 한 집단의 고용 성장이 다른 집단의 고용 부진을 초래한다는 일종의 '제로섬 게임' 가설)의 관점에서는 청년층과 노년층의 고용이 대체 관계여서 노인들의 고용률 상승이 청년들에게는 실업률 상승으로 이어질 것이라 하지만, 실제로는 두 세대가 기대하는 직종이 확연히 다르다. 예를 들어 65세 이상이 찾는 일자리의 절반 이상은 경비나 청소 관련 직종이지만 29세 이하에서는 이 직종에 대한 구직 비율이 1%에 불과하다.[65] 오히려 노년층의 고용률 증가가 경기 활성화에 도움을 줘 청년층 취업 기회를 확대하는 데 도움을 준다는 견해가 우세하다.

고용의 사각지대에 놓인 노년층과 청년층은 동병상련의 처지다. 그럼에도 '질 낮은 일자리라도…'가 공통의 목표가 되어버린 탓에 엉뚱한 방향으로 분노의 총구가 맞춰져 있다. 자기가 처한 여건이 열악하니 만만한 상대만을 골라 얼마 안 되는 몫이라도 더 챙겨보려는 심산과 다르지 않다.

이 아귀다툼에서 386세대는 비교적 한 발 떨어져 있었다. 취업시장에 나왔을 때는 '비정규직'이라는 말이 있지도 않았다. 단군 이래 최대 호황이라고 불리던 시절에 취업을 시작했고 다른 세대와 비교해보면 IMF 외환위기 때도 상대적으로 피해가 덜했다. 현재까지 왕성한 경제활동을 하는 그들은, 과거를 돌아보거나 현 시점에서 봐도 행운아임에 틀림없다.

그런데 그 행운은 정말 우연찮게 주어졌을 뿐일까. 변칙 고용과 고용한파의 파고는 참 공교롭게 386세대를 스쳐 지나갔던 것일까. 아니면 불안정한 시대에 불안정한 노동이 확산되는 데 일조하거나 적어도 방관한 책임이 있지는 않을까. 이것을 살펴보자면 불안정한 노동이 언제, 어떤 계기로 만들어지고 굳어졌는지부터 알아볼 필요가 있다.

노동 유연화 그늘의 세대 불평등

●○○

20대 때 민주화 과업을 이루기 위해 눈물 콧물 흘렸던 386세대는 그것에 대한 보상인 듯 이후 생애가 크게 고되지 않았다. 취업도, 결혼도, 보금자리 마련까지도 물 흐르듯 흘러갔다. 그런 386세대마저도 처음으로 고비를 맞닥뜨리게 됐는데, 바로 IMF 외환위기다.

1997년 11월 21일, 정부가 IMF에 구제금융을 신청했을 때만 해도 한국 사회가 이때를 기점으로 '비포 IMF'와 '애프터 IMF'로 나뉠지는 알기 어려웠다. 느닷없는 날벼락으로 느껴졌지만 이 지경이 될 때까지 수많은 전조가 있었다. 1997년 벽두부터 한보그룹이 최종 부도처리 되었고, 이후 진로그룹, 쌍방울그룹의 부도가 이어졌다. 기아자동차가 법정관리를 신청하고 주가는 가장 큰 폭으로 추락했다. 기업들의 방만한 경영과 관치금융, 무분별한 외채도입으로 경제가 이처럼 무너지는 상황에 동남아시아에서 시작된 외환위기는 한국에 어퍼컷을 날렸다.

국가 부도 위기에 놓인 한국의 통사정에 IMF는 200억 달러를 빌려주기로 했지만 이를 빌미로 한국 경제에 체질 개선이 필요하다는 명분을 내걸고 각종 정책 변화를 요구했다. 곧바로 금리가 치솟았고 외국인이 국내 기업이나 금융기관을 인수할 수 있도록 자본시장이 개방되었다. 무엇보다 기업의 강도 높은 구조조정이 시작되었다. 구조조정이라는 말도 생소했는데, 직원들을 대규모로 잘라야 한다는 것을 고상하게 표현했을 뿐이다. IMF란 다름 아닌 "I'M Fired(나 해고됐어)"의 뜻이라는 자조 섞인 탄식도 나왔다.

IMF에 백기투항을 하고 난 뒤 1년도 안 돼서 현대, 삼성, 대우, LG, SK 등 당시 5대 재벌에서만 직원 6만 3천여 명이 직장을 떠났다. 은행과 보험업계에서도 각각 2만 3천 명과 1만 2천 명이 짐을 쌌다. 정부와 지자체, 공기업들에서도 퇴직한 이들의 수는 5만 3천여 명에 이른다. 1998년 7월 기준 실업률은 7.6%로 나왔는데, 이는 31년 만의 최고치였다. 이 무렵 서울 시내 노숙인의 70%가 IMF 외환위기 이후에 거리로 나왔다는 조사 결과도 있다(이창곤·김태경, 1998).[66]

전쟁과도 같은 실업대란과 고용한파는 세대를 가리지 않았지만 피해의 경중은 달랐다. 외환위기가 발발하자 각 회사의 중견이던 중년층이 구조조정의 첫 표적이 됐다. 구제금융 신청 직후인 1997년 12월 직장에서 쫓겨나 실업급여를 신청한 이들의 연령대별 비율을 살펴보면 50대 이상이 34%로 가장 높았고, 40대가 33.3%, 30대가 22.9%였다.[67] 그로부터 2002년까지 분석 기간을 넓히면, 한국노동연구원의 사업체 실태 조사 대상 기업 1,181곳 중 25%에서 정리해고나 권고사직이 이뤄졌고, 그렇게 회사를 떠난 이들의 평균연령은 49.2세였다(장지연 외, 2004).[68] 구조조정 과정에서 인건비와 생산성 등을 고려한 결과라고는 하지만, 이 때문에 '사오정(45세 정년)'과 같은 비아냥이 유행어처럼 퍼졌다. 그리고 나이가 든 채로 한 번 등 떠밀린 이들에겐 여간해선 재기의 기회가 주어지지 않았다.

기업이 문을 닫지 않아 자리를 지킨 젊은 386세대에게는, 또 정리해고가 되었더라도 재기의 기회를 얻은 386세대에게는 윗세대와는 확연히 다르게 IMF 외환위기가 발돋움의 계기가 되었다. 각 조직에서 저성과자를 중심으로 상사들을 크게 감축하자 경기가 회복됐을 때 누군가는 그 자리를 채워야 했기 때문이다. 서강대 이철승 교수는 외환위기 이후 386세대에게 주어진 기회에 대해 이렇게 분석한 바 있다.

386세대의 소득점유율이 1997년 외환위기를 정점으로 갑자기 상승하기 시작합니다. 외환위기 당시 1950년대생들이 대거 구조조정 당한 반면 386세대는 살아남거든요. 이때 1위를 점유하기 시작해서 장장 18년 동안 계속됩니다. 10년 점유하고 나가는 건 연공제 사회의 룰이에요. 그런데 386세대만 18년을 점유해요. 너무나 강고히 조직화되어 있는 386세대가 우리 사회 양극화의 아주 중요한 요인이라고 이야기를 하는 거죠(이철승, 2018).[69]

386세대가 위기를 기회로 전환한 것과는 정반대로 위기의 파고가 낳은 병폐는 후배들이 감당해야 하는 몫으로 돌아왔다. 피해는 후배들을 점점 깊은 수렁으로 몰고 갔다. 386세대가 사회 진입을 완전히 끝내고 사회 중추 세력으로 자리 잡기 시작했을 무렵, 그리고 IMF 외환위기가 발발한 무렵부터 고용의 패러다임이 완전히 바뀌었기 때문이다. 수많은 회사들의 대규모 정규직 채용은 역사 속으로 사라져갔고, 그나마 채용되더라도 선배들과 같은 조건은 아니었다. 한 번 뚫린 벽이 서서히 무너지듯 이러한 변화는 시간이 흐르면서 제도로 고착화했다.

1998년 2월 제정된 파견법(파견근로자보호 등에 관한 법률)은 받아들일 수밖에 없었다. IMF체제로 접어들면서 고통 분담은 그 누구도 거부할 수 없는 명제가 되었고 노동계는 '노동시장의 유연화'를 수용하게 된다. 파견법은 전문지식이나 기술, 경험 등을 필요로 하는 업무에 노동자를 파견할 수 있도록 한 법이다. 법이 시행될 당시 컴퓨터 관련 전문가와 사무지원 전문가, 방송장비 조작원 보조, 자동차 운전원 등 26개 업종에 파견법이 적용됐다. 바꿔 말하면 그 이전엔 어떤 영역에서건 파견근로 자체가 불법이었다. 파견근로가 허용된다면 질 좋은 일자리는 그만큼 사라지고 노동자들은 고용 불안 상황에 부닥칠 수 있었기 때문이다.

반면 사용자는 더 싼값에 노동자를 살 수 있고, 여차하면 파견 노동자를 활용할 수 있으니 기존에 고용한 정규직 노동자들도 고분고분해지는 효과를 매력적으로 느꼈다. 풀린 빗장은 다시 잠기지 않았다. 틈은 더 확대됐다. 한번 맛을 본 기업들의 강력한 요구로 2006년에는 파견근로 허용 업종이 26개에서 32개로 늘어난다. 이미 임금 저하와 산재처리의 어려움 같은 문제점이 드러나고 있는데도 말이다.

2006년은 분명 문제가 많은 해였다. 그해에 비정규직보호법(기간제 및 단시간근로자 보호 등에 관한 법률)도 제정됐다. 비정규직 노동자를 고용하더라도 그 기간은 2년을 넘지 못하도록 했고 정규직 노동자와의 불합리한 차별도 없애는 내용을 담았다. 그러나 파견법에서 보듯이 '~을 보호하겠다'는 취지의 법률은 대개 '취지는 좋았으나…'로 흘러가기 마련이다. 사용자들은 2년을 넘긴 비정규직을 정규직으로 고용하는 것이 아니라 2년마다 사람을 돌려막는 방식을 택했다.

비정규직보호법은 2007년 7월부터 300인 이상 사업장에 적용되었고, 2008년 7월에는 100인 이상 사업장, 2009년 7월에는 5인 이상 사업장으로 적용 범위가 확대되었다. 세상에는 '2년짜리' 노동자가 넘쳐나게 됐다.

여기에 기존에 없던 또 다른 고용형태도 생겨났다. 바로 무기계약직이다. 2년간의 계약직 기간을 거쳐 다행히 같은 직장에서 같은 일을 하게 됐음에도, 기존 정규직 직원들이 누리던 처우를 이어받지 못한다. 비정규직보호법이 '2년을 넘기면 기간을 정함 없이 계속 근무하도록 하라'고만 되어 있지 그 처우에 대해서는 별다른 언급이 없는 틈을 파고들어 정규직도 계약직도 아닌, 변칙 고용의 새로운 유형이 만들어진 것이다.

2019년 8월에 시행이 예고된 '강사법'이라고 불리는 고등교육법 개정안도 있다. 법이 시행되기도 전에 이미 대학 시간강사들의 일자리는 급속히 줄어들고 있다. 역시나 법의 취지는 대학 강사들의 처우를 개선하자는 것이지만 대학들은 '처우를 높일 바에야 아예 쓰지 않겠다'는 입장을 내세우며 취지를 빛 좋은 개살구로 만들어버렸다. 좋은 일자리 만들기 정책의 역설적 현상은 이렇게 현재 진행형이다.

기억해보자. 노동자를 쉽게 쓰고 버릴 수 있게 된 건 IMF 외환위기 당시의 고육지책 때문이었다. 이후 경제 사정은 좋아지기도 하고 나빠지기도 했지만 노동시장 유연화의 흐름만은 한 방향으로 도도하게 흘러가고 있다. 불가역적이다. 이 정도로 노동시장이 유연해지기 위해서는 그에 맞는 사회안전망이 갖춰져야 하지만, 그러지 못했다. 결과는 질 낮은 일자리의 양산, 그리고 더 나은 계층으로 올려주는 사다리의 붕괴로 이어졌다.

통계청에 따르면, 비정규직 비중은 법과 제도의 둑이 뚫린 뒤 2001년 26.8% 2003년 32.6%, 2005년 36.6%로 차오른 뒤 현재도 30%대 중반 수준을 유지하고 있다.[70] 그러나 여기엔 이른바 '중'규직이라고 불리는 무기계약직은 빠져 있다. 쉽게 잘리지는 않으나 급여와 복지혜택, 승진에서 기존 정규직 직원에 비해 크게 차별을 받고 있어, 정규직도 비정규직도 아닌 이들이다. 민간은 물론 공공기관까지 무기계약직 채용을 확대하고 있어, 이들까지 포함할 경우 '질 낮은 일자리'의 실제 비중은 훨씬 늘어난다.

이러한 현실은 각 세대에게 공평하게 적용됐을까. 한국노동연구원의 조사 결과에 따르면, 2003년 당시 50대의 비정규직 비율은 40%였다. 그러나 2018년 현재 386세대가 중심이 된 50대의 비정규직 비율은 34%로 떨어졌다.[71] 반면 그 윗세대나 사회 초년생의 비정규직 비율은 과거보다 더 높아졌다. 60대 비정규직 비율은 2003년 65.9%에서 2018년 67.8%로 올랐고, 30세 미만의 비정규직 비율 또한 2003년 31.8%에서 2018년 34.6%로 오른 것이다.

귀천이 나뉜 노동의 비뚤어진 그림자는 스멀스멀 바닥을 넓혀왔지만 세대에 따라 그 짙음의 정도는 달랐다. 여기에 더해 2009년 공공기관 개혁 바람 속에 오로지 신입사원들 초임만 깎인 사례, 그리고 최근 불붙은 정년 연장 논의까지 떠올린다면 386세대가 누린 '다행'은 단지 우연히 주어진 것만은 아닌 듯하다.

386 노동조합이 만든 오늘

●○●

"현대차의 탐욕보다 움직이지 않는 양심에 참을 수 없는 부끄러움을 느낍니다!(박석철, 2013)"[72]

2013년 7월 21일, 울산 현대자동차 정문 주차장에 다시 모인 사람들 앞에서 신승철 민주노총 위원장이 작심하고 쓴소리를 뱉어냈다. 현대차 비정규직 노동자 최병승, 천의봉이 사내하청의 정규직화를 주장하며, 주차장 인근 45미터 송전탑에 올라 고공농성을 한 지 278일째 되는 날이었다. 이들을 지지하고 응원하기 위해 전국에서 희망버스가 몰려들었지만 정작 같은 공장 정규직 노동자들의 반응은 시큰둥하다 못해 싸늘했다. 이를 보다 못한 신승철 위원장은 사측이 아니라 정규직 직원들의 '움직이지 않는 양심'에 일갈한 것이다.

노사 간 대립이 극에 달했을 때 같은 노동자를 향해서도 분노의 탄식을 쏟아낸 건, 현대차 노조의 선별적 수수방관이 이번뿐만이 아니었기 때문이다. 1998년 현대자동차 정리해고 당시 노조는 구내식당 여성 노동자 144명과 여러 부서 소속의 남성 노동자 133명의 해고를 받아들였지만, 경기가 호전됐을 때는 133명의 남성 노동자만 복직되었다. 2000년 현대차 노사가 '완전고용합의서'를 체결할 때는 노조가 사내하청을 받아들이면서 또다시 구조조정이 있을 경우엔 사내하청 노동자들을 희생양으로 삼는다는 데 사실상 동의하기도 했다.

문재인 대통령이 공공부문 비정규직 제로를 선언했던 첫 사업장, 인천국제공항공사에서도 비정규직의 정규직 전환을 두고 노노(勞勞)갈등 양상이 계속됐다. 기존 정규직 노조가 비정규직 노동자의 조건 없는 정규직 전환을 불편해했기 때문이다. 전교조 역시 기간제 교사들의 정규직화에 반대 목소리를 냈다. 한국지엠에서는 노사가 '인소싱(조직의 서비스와 기능을 조직 안에서 총괄적으로 제공, 조달하는 방식)'에 합의했는데, 이로 인해 비정규직의 일감을 정규직이 가져갔고 비정규직 노동자들은 한꺼번에 공장 밖으로 쫓겨났다.

　이런 밥그릇 쟁탈전이 또 있을까. 한발 앞서 더 단단한 밥그릇을 껴안은 정규직 노동자들은 한발 늦게 '같이 살자'고 달려드는 비정규직 노동자들의 손을 뿌리쳤다. 때로는 그런 비정규직 노동자들의 숨통을 막는 데 정규직 노조와 사측이 손을 잡았다. 비정규직의 적(敵)은 정규직이라는 얘기도 심심치 않게 나왔다.

　정규직 중심의 노동조합을 주도한 것은 현재의 중장년 세대다. 2004년 이후 노동조합 조직률은 10% 안팎 수준이다. 조직화된 조합원을 세대별로 나눠보면, 2015년 기준으로도 임금노동자 가운데 조합원 비중이 가장 높은 연령대는 40~49세였다. 이 연령대 임금노동자 비중은 27.1%인데, 그중 노조에 가입한 이들의 비중은 33%나 됐다. 30세 미만의 경우 임금노동자 비중이 19.8%이지만 그중 노조원의 비중은 12.1%로 떨어졌고, 60~64세의 경우도 임금노동자 비중은 4.9%였음에도 노조원 비중은

1.7%에 머물렀다(정재우, 2015).[73] 노년층이나 사회 초년생층에 비해 386세대에 가까운 이들이 노조와 더 강하게 결합돼 있다.

우리나라 최대 산별노조로 꼽히는 민주노총 소속 금속노조 조합원의 세대별 현황을 살펴보면, 경향성이 더욱 분명하다. 2018년 현재 전체 17만여 명의 조합원 가운데 50대가 39.2%로 가장 많았다. 그 뒤를 잇는 건 40대(31.5%)와 30대(21.7%)였다. 20대 조합원은 6%에 불과했다. 금속노조 조합원 평균연령은 2006년 39.36세였지만 점차 높아져 2017년엔 45.2세까지 올랐다.[74]

자연히 노조는 더 많은 비중을 차지하는 세대의 이익을 반영할 수밖에 없다. 여기서 이익은 현재 일자리의 유지와 처우 개선이지, 파이를 나눌 새로운 동료의 유입은 아닐 것이다. 그렇다 보니 정규직·중장년 위주의 노조에 반기를 드는 '청년유니온'이나 '노년유니온' 같은 새로운 세대별 노조도 등장하는 현실이다.

이러한 노동조합의 행보를 우악스럽다고 말하기는 어렵다. 노동조합은 다수 조합원의 이익을 극대화하려는 데 목적이 있고, 그 목적에 팔짱을 끼고서는 조직의 규모를 키울 수 없다. 또한 제 밥그릇을 꽉 지키고 있다 해서 나무랄 일도 아니다. 내가 내 몫을 챙기지 않고서는 어느 순간 생존조차 담보할 수 없는 상황에 몰리는데, 다른 이를 돌보는 아량을 베풀지 않았다고 해서 지탄하기는 어렵다. 어찌 보면 정규직과 비정규직, 중장년과 청년층 간의 다툼은 사용자의 이간책에 휘말렸기 때문일 수 있다. 아니면, '당신들끼리 알아서 해법을 강구해보라'는 정부와 정치권의 무책임이 빚은 결과일 수도 있다.

그럼에도 아쉬움이 가시지 않는 건 처음 이들이 표방한 목표가 망각되고 있기 때문이다. 대통령 직선제를 쟁취한 1987년 6월 민주화운동의 기폭제가 됐던 게 1987년 5월에 일어난 노동자 대투쟁이었다. 이 투쟁의 과정에서 1,000개가 넘는 노조가 탄생했다. 이들의 목표는 물론 '조합원끼리 잘 먹고 잘살기'가 아니었다. 이들은 '인간다운 삶과 존엄성을 유지할 수 있는 노동조건의 확보'(민주노총 창립선언문)나 '국민 일반의 건강하고 쾌적한 생활환경 보장'(한국노총 선언)을 표방했는데, 갈수록 구두선에만 그치고 있다는 목소리가 내부에서도 나온다. 1981학번 '학출'(학생운동권 출신의 노동운동가)로 1989년 대우자동차에 입사한 이래 현재도 GM대우 생산직 노동자로 일하는 이범연은 이렇게 말한다.

절망감은 바로 현상 유지라는 단어에서 온다. 그것은 가난한 노동자들의 삶이 무너져 내리고 있는데, 민주노총은 무엇을 할 수 있을까라는 회의에서 오는 절망감이다. 대기업 정규직 노동조합이 가난한 노동자들의 고통은 돌아보지도 않고 자신의 것만 챙기고 있는 모습을 볼 때의 절망감이다. 그리고 가난한 노동자들의 고통과 함께하고 평등한 세상을 만들겠다고 노동운동에 뛰어든 내가 어쩌다 정규직이 되어 나만 잘 먹고 잘살고 있고, 세상을 보다 평등하게 만드는데 아무런 역할도 하지 못하는가 하는 자책에서 오는 절망감이다(이범연, 2017).[75]

1987년 노동자 대투쟁 이후 동시다발적으로 설립된 노동조합은 각 사업장의 근로조건 개선을 넘어 더불어 살아가는 세상을 만들어보겠다고 약속했다. 그러나 갈수록 노조의 역량은 자기 이익 지키기에 집중되어왔음을 부인하기 어렵고 그 중심에는 386세대가 있었다. 앞서 노동조합의 세대별 구성에서 보듯 386세대가 점차 노조의 근간이 되어온 것이다.

IMF 외환위기 때 상대적으로 타격이 덜했던 이들은, 고용안정을 위해 더욱 노조라는 우산 안에 들어가게 됐고 때로는 내부의 위험과 비용을 외부로 전가했다. 그 과정에서 자본가(사용자)와 동맹을 맺고 애꿎은 피해자를 양산하기도 했다. 그 피해자 상당수는 고통스럽게 사회에 첫발을 들이려 하는 젊은 노동자들이었다.

직업에는 귀천이 없을지 모르겠으나 고용에는 확실히 있다. 더 이상 눈 가리고 아웅 할 수만은 없는 현실이다. 그리고 고용의 귀천은 세대별로 다른 양상을 보이는 것이 사실이다. 임시직, 파견직, 용역직이라는 개념이 아주 오랜 기간 존재해온 줄로만 아는 젊은 노동자들에게도 누군가는 알려줘야 한다. 이 땅에 비정규직의 설움이 깊지 않았던 때가 있었음을. 서로의 탐욕을 줄이면 다시 돌아가지 못할 것도 아님을. 그 누군가가 386세대라면 어떨까.

4

그냥 기득권일
뿐이에요

세상이 변화하는 것을 보고 싶다면
당신이 보고자 하는 그 변화 자체가 되어라.
— 마하트마 간디

꼰대, 갑질, 헬조선 뫼비우스의 띠

●○○

"자녀 부정입학에 대학원생 동원한 '갑질 교수'(양선아, 2019)."[76]

하필 그 딸이 치의학전문대학원, 그것도 서울대 치전원에 합격
해버렸다. 서울대가 아니었다면, 남들이 선망하는 의사라는 직업
으로의 길이 열리는 관문이 아니었다면 조용히 묻혔을지도 모르
는 일이다. 일이 터지자 서울대 재학생 커뮤니티에서는 '터질 게
터졌다'는 반응이 나왔다. 얼마 뒤 '황우석 사건'으로 도마 위에
올랐던 50대 서울대 교수가 자신의 고등학생 아들을 논문에 공
저자로 넣어 서울대 수의학과 편입학을 시켰다는 의혹도 나왔다.
또 다른 의심이 가는 건도 있지만 아직은 침묵이 대세다. 심증은

있지만 물증이 없기 때문이다. 누군가 터뜨리지 않으면 이렇게 묵과된 진실은 쉬이 망각되곤 한다.

서울대가 아니기에, 치전원 같은 미래가 보장되는 학과가 아니기에 침묵당하는 일들은 수없이 많다. 한때 노동운동을 한 국회의원 아버지가 딸의 이력서를 기업 사장에게 슬쩍 건네 채용을 청탁한 일은 범죄로 받아들여졌다. 그러나 '삼성 장충기 문자'나 '로비스트 박수환 문자'에서 드러난 것처럼 아들딸의 취업을 청탁하거나 뇌물을 받은 언론인들은 잠시 여론의 심판에 올랐을 뿐, 아무 일 없었다는 듯 살고 있다. 어떤 아버지는 공모전에 출품한 아들의 작품이 소셜미디어에서 더 많은 '좋아요'를 받을 수 있게 자신의 초중고, 대학 동창과 직장 동료들에게 온오프라인으로 '좋아요'를 구걸한다. 어디서부터 어디까지가 악(惡)이며, 법과 제도로 통제할 수 있는 범위는 어디까지일까?

악은 그 크기와 모양이 다양하다. 선(善) 속에 작게 똬리를 튼 악도 있고, 악으로 비판을 받지만 그 안에 일말의 선이 녹아 있기도 한다. 선과 악을 가른다는 것이 그래서 어렵다. 세상이 선과 악, 이분법으로 정돈될 수 있다면 좋겠지만, 그렇지 않기에 필부필부(匹夫匹婦)들은 침묵과 발화 사이에서 고뇌한다. 그리고 아마도 자식을 취업시켜준 힘깨나 쓰는 부모들은 집에 가서 '이 아빠(엄마)의 능력을 봤지? 잘해라'고 한마디 던졌을 것이다.

이 부모들로 말하자면 밖에서는 흔히 '꼰대' 소리 듣는 사람들, 대체로 60년대에 태어난 50대들이다. 요즘 대한민국 사회는 마치 '꼰대인 자'와 '꼰대 아닌 자'로 나뉜 모양새인데, 젊은이들은 때로는 분노를, 때로는 조소를 담아 꼰대라는 언어를 입에 올린다. 꼰대 아닌 자, 혹은 꼰대가 되길 거부하는 이들이 꼰대의 특징으로 꼽는 것들이 있다. 과거 성공의 경험을 팔아먹으며 잘난 체하거나 남을 가르치려 든다, 상명하복을 강요한다, 개인보다 집단을 강조한다, 공사 구분이 불확실하다 등이다.

꼰대스러움은 종종 '대의'나 '공공의 선'과 같은 거창한 포장을 뒤집어쓰고 나타난다. 2018년 평창올림픽에서 남북관계라는 대의를 위해 여자 아이스하키 단일팀을 무리하게 추진했던 일이 개인보다 집단, 국가를 강조해 벌어진 일이라면(김지은, 2018),[77] 공공기관의 수장이 법인카드로 방울토마토를 사거나(원성윤, 2016)[78] 내연녀와의 데이트 비용을 쓴 것처럼[79] 공사 구분이 불확실한 꼰대 근성이 드러난 일은 일일이 열거하기 어려울 정도로 숱하다.

꼰대는 갑질, 헬조선과 맞닿아 있다. 이들은 모두 공정하지 않음을 문제 삼는다. 왜 공정하지 않은가. 걸핏하면 '법대로 해'를 외치지만 법과 제도가 원칙대로 작용하지 않기 때문이다. 바쁘고 급하면 언제든 우리 사회 '갓길'에서 전력질주 할 수 있는 권리를 가졌다고 생각하는 기득권들이 너무도 많다. 당최 믿을 구석이 없으니 한국 사회 신뢰도가 선진국 가운데서도 바닥을 치는 게 이상한 일은 아니다. 그래서 요즘 용감한 반(反)꼰대들은 수시로 묻는다. "그거 규정에 있어요?"

스스로가 저항의 대상이 되는 게 무척이나 낯선 꼰대들은 이들의 '법대로 해봐' 정신에 움찔하지만, 결국 '요즘 것들은…'이란 푸념으로 사태를 마무리 짓는다. '기회는 평등하고 과정은 공정할 것이며 결과는 정의로운 사회'(문재인 대통령 취임사)라는 말은 아름답다. 아름다운 것들은 쉽사리 손에 잡히지 않는다.

접시 위에 놓인 여성

●○●

룸살롱은 으레 '금녀구역'이라 여기던 시절이 있었다. 룸살롱에서 은밀히 벌어지는 불법, 탈법이 뉴스 소재가 되고 때때로 가정파탄의 주범으로 낙인찍히면서 룸살롱의 문이 여성들에게도 시나브로 개방됐다. 술자리에서 역사를 만든다는 남자 상사들은 '룸살롱에서 네가 상상하는 그런 일 따윈 벌어지지 않는다'는 걸 보여주기 위해서인지 입사한 지 얼마 안 된 남녀 후배들의 손을 잡고 신사동, 북창동 일대를 순례한다. 일부 여성들이 호기심에, 대다수는 상사의 강권을 이기지 못해 룸살롱을 경험하는데, 대체로 그 경험들은 대한민국에서 여성으로 산다는 것에 대한 자조적 물음으로 귀결된다.

2018년 말 검찰 출신인 이연주 변호사의 고발 글이 화제가 됐었는데, 그의 글은 검찰 내 남성 구성원들이 향유하는 룸살롱 문화의 일면을 적나라하게 드러낸다.

가슴이 가장 예쁜 사람에게 돈을 주겠다면서 수표 몇 장을 꺼내놓고
서 유흥접객원들더러 가슴을 까보이도록 했고, 지금 국회의원인 당
시의 부장검사는 눈으로는 유흥접객원의 옆에 앉은 여검사의 얼굴
을 쳐다보면서 손은 자신의 옆에 앉은 유흥접객원의 가슴을 주물럭
거렸다. "내가 이래서 내 옆에 앉지 않도록 배려하는 거야. 내가 혹
시 실수할까 봐"라고 말하며.

— 이연주 변호사 페이스북 글 중에서[80]

결국 룸살롱에 함께 간 여성 후배 검사들은 그들의 동료이기보
다 '룸살롱 유흥접객원에 가까웠다'고 느낄 수밖에 없었다는 게
그의 회고다. 2011년 강준만은 저서 『룸살롱 공화국』에서 "룸살
롱이란 드라마틱한 휘황찬란함과 '섹스'라는 실체와 이미지를 빼
놓곤 생각할 수 없는 곳"이라고 주장하기도 했다. 그는 특히 "검
사들은 삼겹살을 먹거나 호프집에서 맥주 마시는 데까지 스폰
서를 동원하진 않는다. 검사 월급으론 도저히 감당할 수 없는 룸
살롱을 너무도 사랑했기에 스폰서가 필요했던 것이 아닌가"라며
검사와 경제권력 간 유착의 뿌리에 '성(性)'이 자리 잡고 있음을
지적했다(강준만, 2011).[81]

2019년은 성(性) 공화국 대한민국의 민낯을 고스란히 보여준
해다. 법무부 차관이 건설업자와 유착해 수시로 돈과 성접대를
받았으나 검찰 및 '윗선'이 개입해 사건을 무마했다는 의혹이 세

상을 어지럽혔다. 아이돌 그룹 출신 가수는 나이트클럽을 운영하며 마약과 성매매 알선에 직간접적으로 관여했으며, 이 과정에서 동료 연예인들이 여성과의 성관계를 동영상으로 찍어 유포하며 시시덕거린 게 문자 대화를 통해 드러났다. 또, 연예기획사의 룸살롱 성접대에 동원돼 괴로움을 견디지 못하고 목숨을 끊었던 장자연 사건이 10년 만에 수면 위로 올라왔으나 조사는 결국 용두사미에 그쳤다.

일견 일부 '권력층'의 일탈, 암막에 가려진 유흥가의 일로만 보일 수도 있다. 그러나 나이트클럽 '버닝썬' 사건을 들여다보면 룸을 잡은 남성이 여성에게 약을 먹여 성관계를 맺고 이 장면을 동영상으로 찍어 유포하는 행위가 비단 그들만의 리그 안에서 일어난 일이 아닌 것을 알 수 있다.

많은 여성이 접대의 도구가 됐다. 거래처 사람에게, 상사에게, 돈 많은 손님에게 진상되는 제물처럼. 룸살롱과 여타 유흥업소의 여성들이 이러저러한 개인적·사회구조적 이유로 자발적·반(半)자발적으로 접대에 이용됐다고 한다면, 클럽을 찾은 여성들은 비(非)자발적으로 이용됐다는 점에서 '성 착취'는 더욱 폭력적이 되었다고 말할 수 있다. 그리고 이 광경이 휴대전화에 담겨 웹하드에 올라가고(양진호 사건) 메신저를 통해 공유된다. 몰래 찍힌 여성은 수치심과 두려움에 떨고, 범죄를 저지른 어떤 남성은 우러러봄의 대상이 되는 아이러니를 우리는 자주 목격한다. 그 사이에 익명의 이웃들은 영상을 찾아 포털과 웹하드를 배회한다. 광범위하고 예측 불가능한 폭력이다.

이러한 폭력이 광범위하게 일상 속에 파고든 것은 성(性)이 일의 성과를 올리는 데 유용한 매개로 작용한다는 믿음에 일정 부분 근거한다. 직장 상사가 남녀를 가리지 않고 후배들을 신사동, 북창동 룸살롱으로 이끄는 이유다. 성욕과 성과주의의 비뚤어진 결합이다.

실제 한국여성정책연구원이 만 19세 이상 만 60세 미만 남성 3천 명을 대상으로 온라인 설문조사를 실시한 결과, 50대 응답자의 절반 이상(50.5%)이 '성을 매개로 한 영업이 업무상 도움이 된다'고 답했다. 50대의 46.1%는 '상급자의 성구매 요구를 거절하기 어렵다'고 말했다. 상황이 이렇다 보니 성구매 경험도 50대에서 가장 높게(44.4%) 나온다(마경희 외, 2018).[82]

문제는 이러한 50대가 대부분의 조직에서 의사결정권자이자 업무지시 권한을 가진 세대라는 점이다. 업무 성과를 위해서라면 성매매도 용인할 수 있다는 상사의 요구는 아랫세대로 낙숫물이 되어 떨어진다. '성을 매개로 한 영업이 업무에 도움이 된다'는 질문에 20대는 25.4%만 고개를 끄덕였는데, 30대에서는 그 비중이 40.9%로 훌쩍 뛴다. 직장생활을 해보니 성이 영업의 괜찮은 도구임을 체화했으리라 해석할 만한 대목이다. 권력이 용인한 잘못은 죄의식을 희석시키고 그 저변을 확대한다. 그 결과를 우리는 쏟아지는 성폭력 뉴스로 확인하고 있다.

물론 다수의 남성을 겨냥한 이야기가 아니다. 아니라고 믿고 싶다. 내 아버지가, 내 남편이, 내 아들이, 내 남자친구가 '걸리지 않아 무사한' 범죄의 가담자이거나 동조자라고 의심하며 살 수 없다. 그러나 다수의 여성은 불안하다. 통계청과 여성가족부가 내놓은 '2018 통계로 보는 여성의 삶' 자료를 보면 2016년 기준 강간, 추행 등 성폭력 피해자는 여성이 2만 6,116건으로 남성 1,478건보다 17배나 많다. 대부분의 강력범죄가 10년 전에 비해 줄어든 반면, 성폭력 범죄가 2배 이상 늘어난 것은 특히 주목할 부분이다. 또, 여성 피해자 가운데 21~30세가 36.9%로 성폭력 피해에 가장 많이 노출되어 있는 것으로 나타났다. 20세 이하도 30.6%나 된다. 누군가의 딸, 언니나 누나 혹은 동생, 아내 중 73.3%는 범죄에 대한 불안감을 늘 품은 채 살고 있다.

여전히 일부 남성들은 불쾌할지도 모른다. 별로 가진 것도 없고, 앞으로 무언가를 가질 수 있으리란 희망조차 희미한 20~30대 남성들의 볼멘 목소리가 특히 크다. 군대도 가지 않고, 회사에선 회식도 빠져나가고, 욜로(YOLO: You Only Live Once)니 뭐니 하며 놀 건 다 챙기면서 '여자라는 이유로' 늘 피해자인 양 구는 여성들이 얄밉다고 눈을 흘긴다. 주변을 둘러보면 성폭력 피해를 당했다는 여성은 찾아보기 어려워서, 사회면을 장식하는 뉴스는 극소수의 이야기를 다소 과장되게 다룬 것처럼 보인다.

상황이 이렇다 보니, 여자친구는 좋지만 익명게시판 '여혐 드립'에는 '좋아요'를 누르는 데 주저함이 없다. 20~30대는 실체조차 불분명한 이야기들을 두고 서로를 혐오하느라 바쁘다. 혐오가 사회현상이 되자 젠더 문제를 둘러싼 입장이 정치적 입장을 가르는 바로미터가 되기도 했다. 페미니스트를 표방한 문재인 대통령에 대한 20대 남성 지지율이 떨어진 것은 단적인 예다. 이를 두고 더불어민주당 설훈 의원은 20대 남성들이 "민주주의 교육을 잘 받지 못해 그런다"고 말해 집권 여당 정치인의 얕은 젠더 의식을 만방에 드러냈다.

2018년 말과 2019년 초에는 더불어민주당과 자유한국당 의원들이 기업의 접대비를 '거래증진비' 혹은 '대외업무협력비'로 이름을 바꾸고 접대비 한도를 상향 조정하는 '소득세법 등 법률 개정안'을 발의한 일이 있었다. 이들은 "기업의 매출 증대와 비용 지출을 촉진하는 한편, 기업의 자금이 시중에 돌게 해 골목상권을 살릴 수 있을 것"이라고 밝혔으나(원다라, 2019),[83] 정치권 내에서조차 '소득'주도성장 대신 '접대'주도성장이냐는 빈축을 샀다 (이승현, 2018).[84]

그도 그럴 것이, 국세청의 국세통계연보에 따르면, 신고된 접대비만 매해 꾸준히 증가해 2016년에는 10조 원을 넘어섰다. 공식 집계된 비용만 10조 원이니 접대비 특성상 양지로 나오지 못한 비용까지 따지면 그 규모를 가늠하기조차 어렵다. 2016년 나라 살림 예산 386조 원 가운데 외교통일 분야 예산이 불과 4.7조였다. 한 나라 외교통일 분야 예산의 배가 넘는 돈이 룸살롱과 유흥가 골목에 흘러넘치고 있는 것이다.

비록 10년이나 지난 설문이나 2009년 4월 한 취업포털이 직장인 887명을 대상으로 접대 문화에 대해 조사한 결과 '술접대가 성접대로 이어진 적이 있는가'라는 물음에 25.6%가 '그렇다'고 답했다(김원철, 2009).[85] 결국, 접대비 관련 국회의원들의 법률 개정 시도는 기업 접대가 골목상권에서 이뤄진다고 현실과 동떨어진 상상을 한 점에서 문제일 뿐만 아니라, 접대가 결국은 성을 사고파는 일에까지 연결되는 현실을 외면하는 뻔뻔한 행위였다.

　이쯤 되면 묻지 않을 수 없다. 사회가 운영되는 제도와 규칙을 만드는 국회라는 공간에서 젠더 담론은 충분히 소화되고 있긴 한 걸까? 국회 밖에서는 '미투'가 봇물을 이루고 남혐과 여혐 집단이 패로 갈려 혈투를 벌이는 한편, 미혼녀가 기혼녀를 욕하고 이들의 아이들까지 벌레라고 모욕하는 일이 벌어지고 있다. 세상의 절반과 다른 절반이 피 터지는 싸움을 하는 세상에서 저출산은 필연이다.

　'변죽만 울린다'는 표현이 있다. 아동수당을 10만 원씩 주고 육아휴직을 의무화하며, 짝이 없는 공무원들에게 미팅을 주선하고, 급기야 출산 지도까지 만드는 등 출산율을 반등시키려는 일에 정부가 지난 10년간 쏟아부은 돈이 100조 원이 넘는다. 남녀가 서로를 혐오하는데, 이 모든 일이 무슨 소용이겠는가? 대한민국 사회가 여성을 어디에 위치시키고 있는지, 그 여성들과 남성들이 어떻게 관계 맺기를 하는지에 대해 고민하는 것이 변죽이 아닌 북의 한가운데를 때리는 일이다. 그래서 궁금하다. 북의 한 가운데를 때리지 못하는 것일까, 안 하는 것일까?

우리 사회 남녀 문제를 논할 때 면죄부를 받을 수 있는 이는 얼마 없겠으나, 세상을 바꿔보겠다고 했던 386세대 정치인들은 어디에 있는가? 그들의 문제의식은 지금도 팔팔하게 살아 있는가?

남녀불문 인간 누구에게나 은밀하고도 가장 취약한 '성(性)'이라는 영역에서 대한민국 여성의 삶은 지난 30년간 그리 나아진 것 같지 않다. 경제발전과 민주화가 몰고 온 봄의 훈풍은 여성들만 비껴간 모양이다. 그렇다면 민주화의 한복판에 있던 386세대 여성들은 무얼 했을까?

명예남성과 돼지맘

●○○

'오빠'라는 호칭이 실종됐던 날들이 있었다. 1980년대 대학 교정을 거닐던 여성들, 특히 운동권에 발을 담갔던 여성들은 남자 선배들을 '형'이라 칭했다. 오빠 대신 형이라는 호칭을 누가 먼저 썼는지는 모른다. 다만 80년대 대학에 다녔던 많은 이들은 여전히 '형'이라는 짧은 단어 하나로 30~40년 전 기억을 줄줄이 사탕처럼 끄집어낸다. 향수 때문인지, 습관 때문인지 지금도 종종 남편을 형이라 부르는 386세대 여성들을 만날 수 있다.

오빠라는 호칭이 간지럽고 영 내키지 않았다면 선배라는 중성적 호칭도 있었다. 여자가 남자를 '형'이라고 부를 때의 심리와 사회문화적 함의에 대한 분석도 있을 법한데 찾기는 쉽지 않다. 예상컨대, 남성 중심 사회에 대한 반발심으로 인해 스스로를 남성과 동일시한 표현이거나 상대에게 남성과 동일하게 취급해달라는 압박의 표현이 아니었을까 싶다. 서울대 명예교수 한상진이 엮은 『386세대, 그 빛과 그늘』(2003)에 실린 80년대 학번 어느 여학생의 당시 레포트를 보자.

> 선배 언니들은 우리 사회의 성차별과 여성을 경시하는 풍조 등을 반드시 문제화해서 그 해결점을 모색해야 한다고 주장하며, 이에 대해 이야기해보자는 식으로 내게 접근해왔다. 그러나 나는 그들이 지금 아직도 여성의 차별대우를 운운하는 것은 구시대적인 발상이라고 생각했다. 지금 우리의 세대에서, 더구나 학내에서 내가 느끼고 있는 남학생과 여학생 사이의 분위기에서는 그런 것들은 전혀 불필요한 문제제기인 것만 같았기 때문이다.[86]

아마도 이 여학생은 선배 언니들이 쓰는 형이란 호칭이 처음에는 불편했을 것 같다. 그러나 그는 이내 자신의 인식과 현실 간 괴리를 탐지해내고는 말한다.

> 그러나 시간이 흐름에 따라 그들과 나와의 성을 초월한 완전한 일치는 불가능하다는 인식이 내게 찾아들었고 그 생각은 더욱 뚜렷해져

갔다. 내가 그들과 같이 되고자 했던 지금까지의 노력들은 모두 이 문제를 해결하려는 피상적인 시도였을 뿐이었다. (중략) 과 여학생들에게는 필수적인 것처럼 요구하는 술자리의 동참과 MT 참가 등이 자신과 직접 혈연관계에 있는 여동생들이나 누나들에 이르면 해서는 안 되는 부당한 행위가 되는, 그들의 의식 저변에 깔린 관념은 참으로 무서운 것이었다. (중략) 물론 다는 아니었지만 그들 대부분의 머릿속에는 여자들도 그들과 같이 주체적으로 움직이는 하나의 인격체라는 생각보다는, 여자들은 자기들보다 열등하므로 남자들의 행동에 부차적인 보조 역할밖에 할 수 없다는 생각이 깊게 뿌리내리고 있었다. 그들은 자신들이 느끼는 감정과 고민하는 문제들을 여자들도 똑같이 느끼고 고민하고 있다는 사실을 인정하려 들지 않았다.[87]

지성의 전당까지도 점령한 가부장적 분위기와 동료 남성들의 모순적 행태에 좌절했을 글쓴이의 심정이 짐작된다. 실제 그의 지적대로, 자유와 평등을 부르짖던 학생운동 진영 내에서 여성들의 역할은 시위대 뒤에서 돌을 나르고 휴지를 들고 기다린다거나, 남자 선배의 옥바라지를 하는 부차적 역할에 대부분 갇혀 있었다.

운동권 내에서 벌어진 각종 성폭력 사건들은 여성을 부차적 존재로 여겼을 뿐만 아니라 남성들의 목표 달성과 자아실현의 도구로 여성이 이용되었다는 혐의를 추궁하기에 충분하다. 권여선, 공지영, 최영미와 같은 386세대 여성 문학가들은 80년대를 배경으로 한 소설과 시에서 운동권 남성들의 모순과 폭력을 공통적으로 그리면서 나름의 방식으로 이러한 현실을 고발하기도 했다.

성평등은 대한민국의 숙제로 남아 있다. 대학진학률과 고등고시 합격률 등 성과는 여성의 지위 향상을 웅변해주고 있지만, 여성 평균임금이 남성의 60% 수준에 머물러 있고 여성 고위공직자와 공·사기업 여성 임원 비중이 겨우 체면치레나 할 수준인 것도 우리의 현실이다. 〈무한도전〉, 〈런닝맨〉 같은 유명 연예 프로그램만 떠올려봐도 대여섯 명의 남성으로만 구성됐거나 구색 맞추기처럼 어쩌다 한두 명의 여성이 끼어 있는 게 다반사다. 영국 시사주간지 《이코노미스트》는 7년째 대한민국을 OECD 국가 중 '유리천장'이 가장 공고한 나라로 꼽고 있다.

단지 여성이기에 감당해야 하는 눈에 잘 띄지 않는 차별과 성희롱, 폭력까지 감안하면 우리는 아직 구시대를 살고 있다. 그런데 이런 구시대적 문제에 일찌감치 눈을 떴던 386 여성들의 목소리는 잘 들리지 않는다. 386세대 남성들이 사회 구석구석에서 활개를 펴고 세상을 주도해온 것에 비하면 여성들의 존재감은 미미했다.

물론 '입지전적 여성'이라는 칭송을 들으며 존재감을 한껏 뿜낸 여성들이 없지는 않다. 이들은 때때로 남성들보다 더 남성적인 면모를 보인다고 해서 '명예남성(honorary male)'이라고도 불린다. 1980년 여성학자 앨리슨 헤이쉬(Allison Heisch)는 왜 막대한 권력을 가졌던 영국의 엘리자베스 1세 여왕 치하에서 여성들의 삶은 더 나아지지 않았는지에 대한 의문으로부터 '명예남성'이라는 개념을 끌어냈다(Heisch, 1980).[88] 그에 따르면 명예남성인 여성은 남성 중심 사회를 공고히 하는 가치와 관습을 내면화하는 한편, 부권적 지배를 영속화하는 데 기여한다.

우리도 박근혜 전 대통령 시절 비슷한 경험을 했다. 2012년 그가 당선됐을 때 전 세계는 '한국의 첫 여성 대통령' 탄생에 주목했지만, 박근혜 대통령 시절 대한민국 여성들의 삶이 좋아졌다는 증거는 어디에도 없다. 비단 손에 물 한 방울 안 묻혀봤을 것 같은 이른바 특권층 여성에만 해당되는 얘기는 아니다. 한 교육학자는 학교 선생님들 다수가 여성임에도 불구하고 교장, 교감은 거의 남성인 현실, 이런 가운데 교장, 교감이 된 소수 여성들이 여교사들의 행위 방식을 폄하하고 남교사의 역할을 더 가치 있게 여기는 행태를 명예남성 담론으로 설명하기도 한다(나윤경, 2004).[89]

군대식 상명하복을 강요하고 성을 희화화하는 음담패설을 거리낌 없이 하는 여성 정치인들에게서도 명예남성의 모습을 찾아볼 수 있다. 1960년대에는 심지어 남장을 하고 국회의원에 선출돼 3선(7대, 9대, 12대)을 지낸 뒤 대통령 선거에까지 나간 여성 정치인 김옥선 사례도 있었다. 이런 명예남성들을 보며 어떤 남성들은 '여자의 적은 여자'라며 여성들을 이간질하려 들지만, 이미

성(城) 안에 자리 잡은 여성들은 긍정도 부정도 하지 않는다.

일과 자아실현에 방점을 찍고 명예남성이 된 이들이 있는가 하면, 결혼과 더불어 가정의 정서적 안정을 책임지며 남편과 자식 뒷바라지를 운명으로 받아들인 여성들도 있다. 대학진학률이 30%로 껑충 뛰어올랐던 1980년대 초입에 대학에 진학한 386세대 엘리트 여성들도 크게 다르지 않았다. 졸업 후 사회생활을 했더라도 자녀 출산과 함께 경력이 단절된 이들이 다수인데, 고학력 전업주부일수록 자아실현의 꿈과 현실 간 괴리가 더 크리라는 짐작은 어렵지 않다.

이 괴리는 자식 교육에 대한 적극적 관여로 일정 부분 메워지기 시작한 듯 보인다. '뭘 좀 아는' 엄마의 눈으로 내 자식에게 딱 맞는 학원과 과외교사를 섭외하고 학원 시간에 맞춰 아이들을 실어 나르는 게 일상이다. 아이들은 성적으로 부모의 노력에 보답하고, 이로써 엄마의 자아실현 욕구는 자녀에게 고스란히 투사된다.

2010년 안팎 사커맘(방과후 아이의 축구 연습을 지켜볼 정도로 교육에 열성적인 엄마), 헬리콥터맘(아이가 성장해 대학에 들어가거나 사회생활을 하게 되어도 헬리콥터처럼 아이 주변을 맴돌면서 온갖 일에 다 참견하는 엄마), 타이거맘(호랑이처럼 자녀를 엄격하게 훈육하는 엄마) 등 각종 맘 신드롬이 본격 회자되기 시작한 것과 386세대 부모의 자식들이 중고등학교에 다니던 때가 공교롭게도 일치한다.

이렇게 키운 자식들이 대학에 진학할 무렵, 새로이 등장한 또 다른 맘이 있다. 바로 '돼지맘'이다. 자식을 좋은 대학에 보낸 엄마들은 그동안 쌓은 사교육 시장 정보를 토대로 후배 엄마들을 모아 컨설팅을 하고 학원들과 협상도 한다. 이를 쫓아다니는 엄마들 모양새가 꼭 새끼돼지 같다고 해서 돼지맘이란 이름이 붙었다.

엄마들이 많이 모인 학원 앞 카페에 가면 옆 테이블에서 들리는 주제 하나는 학원이고, 또 다른 하나는 부동산이다. 학군을 중심으로 아파트 시세가 결정된 지는 꽤 오래다. 사교육 정보에 밝은 엄마들이 부동산 정보에 밝은 건 자연스러운 일이다. 과감한 실행력을 가진 일부 주부들은 남편을 설득해 일찌감치 대치동을 포함한 강남권으로 옮겼다. 자식 교육에서 소기의 성과를 얻었는가 하는 여부는 가정마다 다르겠으나, 아파트값만큼은 이들의 기대를 배신하지 않았다. 부동산과 더불어 자식 교육까지 성공적으로 마친 386세대 주부들은 집안 내 권력관계를 재조정하며 남편들을 집안 내 2등 시민으로 전락시킨다. 동시에 386 부부 연합의 안정적 '중상층' 진입 목표는 이미 이뤄진 듯 보인다.

중상층은 아니라도 '중산층' 편입을 꿈꾸며 살던 때가 있었다. 경제는 빠르게 성장했고, 대학문은 활짝 열렸으며, 허허벌판 위에 아파트가 쑥쑥 오르던 시절 '당신은 중산층인가요'라는 질문에 75%가 '그렇다'고 답했다(박돈규, 2019).[90] 대학을 졸업했든 졸업하지 않았든 먹고사는 걱정으로부터 해방됐다. 먹고사는 문제 앞에 자유, 평등, 인권, 민주와 같은 가치가 사치로 치부되던 30~40년 전과는 사뭇 다른 세상이 도래했다.

정신적 풍요로움에 대한 욕구가 물질적 풍요로움에 대한 욕구를 일부 대체하리란 기대가 있었다. 세대 다수가 '정의'라는 이름을 가슴에 새긴 이들이 이끄는 세상은 다를 줄 알았다.

그러나 2019년 오늘, 1억 원에 육박하는 등록금을 내고 대학 졸업장을 받아도 취업이 어렵고, 같은 노동을 하고도 신분에 따라 다른 임금을 받으며, 결국 노동을 해도 삶이 나아지지 않는다는 암울함을 갖고 사는 이들이 더 많아졌다. 부의 추월차선을 탈 수 있는 부동산이 없다면, 돈과 계급을 앞세운 갑질과 인격 모독에도 '그러려니' 하는 게 편한 세상이 됐다. 저소득층으로 이 모든 걸 감내하며 중산층이 되는 꿈을 포기해버린다.

민주화의 트로피를 들어올린 386세대는 중산층을 넘어 중상층의 사다리를 타는 꿈을 꾼다. 그런데 대의를 좇던 그들이 지난 30년 동안 보고도 못 본 척, 듣고도 못 들은 척한 것들이 적지 않다. 앞장서서 이 나라를 나쁘게 만들지는 않았지만, 물결치는 방향이 잘못됐음을 알고도 조용히 몸을 맡겨온 결과가 지금에 이르렀다.

4부

미필적
고의

인생은 선도 악도 아니다.
어떻게 사느냐에 따라 선의 무대가 되기도 하고
악의 무대가 되기도 한다.

—**미셸 드 몽테뉴**

1

이유 있는
변명들

아무리 나쁜 결과로 끝난 일이라 해도,
애초에 그 일을 시작한 동기는 선의였다.
— 율리우스 카이사르

세상은 뜻대로 굴러가지 않았다

●○○

다수가 못 먹고 못살던 시절에 나 하나 못 먹고 못사는 건 견딜
만했다. 대한민국 1인당 소득이 255달러에 불과하던 1970년에
는 삼시 세끼 챙겨먹지 못하고 사글셋방에 몸을 누이더라도 '오
늘 열심히 살면 내일은 나아지리라'는 희망이 있었다. 반세기가 흐
른 지금, 한국은 1인당 소득 3만 달러를 넘어 세계 전체에 6개 나
라밖에 없다는 이른바 '3050클럽(인구 5천만 명 이상, 1인당 소득 3만
달러를 넘는 국가)'에 이름을 올렸다. 사글셋방에 몸을 누이던 사람
들은 1995년 1만 달러 고개를 넘는 무대에서 주연을 담당했다.
땀 흘려 일한 만큼의 보상이 은행 잔고로 쌓였다.

1997년 IMF 외환위기 전까지 임금상승률이 노동생산성 증가율과 비슷하게 증가했으나, 이후에는 임금상승률이 노동생산성 증가율보다 낮아졌고 그 차이는 점점 더 벌어지고 있다고 동국대 경제학과 김낙년 교수는 논문 「한국의 소득분배」에서 밝혔다(김낙년, 2013).[91] 노동생산성과 임금상승률 간 차이가 악어 입처럼 벌어지는 가운데 국민소득에서 자본소득의 몫은 증가하고 노동소득의 몫은 계속 줄어들고 있다. '돈이 돈을 버는' 자본소득이 부동산과 주식, 거액의 현금을 가진 고소득층에 귀속되리라는 것은 자명하다. 따라서 돈이 돈을 벌고 사람의 노동이 제값을 못받는 세상에서 양극화는 필연이다. 올해 초 정부가 새롭게 제시한 양극화 지표 '팔마비율(소득 상위 10% 인구의 소득점유율/소득 하위 40% 인구 소득점유율)'만 봐도 OECD 36개국 가운데 한국은 평등도가 30위로, 불평등 수준이 매우 높다.

IMF로부터 금융지원을 받은 1997년을 기점으로 기존 체제에 올라탄 자들과 체제에서 떨궈진 자, 올라타보지 못한 자들이 나뉜다.

체제에서 떨궈진 어떤 자들은 직장을 잃고, 집을 담보 잡혀 빼앗기고, 가정을 잃었다. 주로 베이비부머라 불리는 1950년대생이 큰 타격을 입었다. 올라타보지 못한 자들은 바로 이들의 자식 세대인 1980년 언저리에 태어난 이들이다. 외환위기 직후인 1999년 여름 졸업을 앞둔 대학생들은 역대 최악의 청년 실업률

앞에서 좌절했다. 고등학생 10명 중 7명이 대학에 가던 이 당시 '대졸 실업자' 이슈는 2000년대 초반까지 언론의 단골 소재였다.

수년 만에 기존 체제에 올라탄 이들의 후배가 되기는 했지만 기업들의 허리띠 졸라매기는 채용 규모 대폭 축소와 비정규직 확대로 이어졌다. 우석훈과 박권일은 2000년대 중반에 비정규직을 전전하는 20대들을 가리켜 '88만원 세대'라 명명했다. 이들의 문제제기에 한국 사회는 '88만원 세대 동정론'으로 응답했지만, 악화가 양화를 구축하듯 나쁜 일자리는 좋은 일자리의 몫을 갉아먹는다.

직업 안정성이 낮아진 만큼 동일 노동에 대한 합당한 보상이 이뤄지는 게 상식이나, 대학진학률 80% 시대에 노동 공급에 비해 수요가 턱없이 적어지자 최저임금에 턱걸이하는 젊은이들이 적지 않다. 그나마 최저임금제도로 턱없는 임금 후려치기를 방어하지만, 최저임금이 오르니 아예 노동 수요 자체를 소멸시키는 일이 벌어지고 있다. 대학 강사들의 처우를 개선하자고 고등교육법 개정안(강사법)을 통과시키니 아예 채용하는 강사 수를 줄이고 이미 기존 체제에 편입된 이러저러한 연구소 박사들에게 겸임교수 명함을 파주는 게 대표적인 예다.

일자리 개수 늘리기에 혈안이 된 정부 및 공공기관들조차 단기 인턴, 계약직을 뽑아 성과 반영만 하고 '티슈'처럼 버린다. 이 정도면 노동 경시 풍조가 중증에 달했다고 할 만하다. 하긴, 75미터 굴뚝에서 '사람'이 1년 넘게 고공농성 정도는 해야 사측과 대화가 가능한 나라가 아닌가.

외환위기의 파고를 간신히 타고 넘은 자들, 즉 386세대의 삶
도 그리 녹록하지만은 않았다. 스러져 나간 앞세대, 허술한 뒷세
대 사이에서 허리 역할을 맡아 한국 경제의 지각 변동을 버텨냈
다. 평생직장으로 알고 들어온 회사에서 정년 개념이 사라지는
광경을 아프게 목도한 만큼 밥줄 사수와 노후 대비는 절체절명
의 과제였다.

한때 '대의'를 외쳤던 이들이 1년 11개월짜리 계약서를 만들
어 내밀고 노동조합 가입을 방해하는가 하면, 정규직과 비정규직
을 가르며 노-노(勞-勞) 싸움을 채찍질한다. '개천에서 난 용'이라
는 꼬리표를 단 이들은 부모로서 자식들에게 개천물이 튈까 전
전긍긍하며 원정출산, 위장전입, 조기유학 등의 펜스를 친다. 적
잖은 비용이 드는 펜스는 살기(live) 위해 산(buy) 집이 아닌 '똘
똘한 한 채(혹은 여러 채)'가 감당해주리라 기대한다. 잘 선택한 아
파트 한 채면 연봉보다 많은 돈이 매년 시세에 반영되니 사무실
에 앉아 부동산을 공부하는 이들을 보는 게 낯설지 않다.

'돈-교육-부동산'이 세트로 움직이는 사회를 특정 세대가 의도
적으로 주도했다고 말하기는 어렵다. 그러나 혹여 자신만 뒤처질
까 싶어 한발 앞서 숟가락을 얹었고, 스테인리스 숟가락을 은수
저, 금수저로 만들어 자식들에게 대물림할 준비를 한 건 기정사
실이다. 대학 졸업장을 가진 이가 폭발적으로 증가했던 1980년

대에 386세대는 머릿수의 힘으로 민주화운동 대열에 나섰고, 이어 그 힘으로 경제력까지 쟁취했다. 자의든 타의든 대한민국의 제도는 386세대에 유리하게 작동됐다. 대학 입학정원 확대와 졸업정원제 폐지, 비정규직보호법, 신도시 개발, 분양가 상한제 폐지와 같은 제도가 386세대에게 맞춤형으로 제공되었다.

경제학자 대런 애쓰모글루(Daron Acemoglu)와 정치학자 제임스 로빈슨(James Robinson)의 표현을 빌리면, '착취적(extractive) 제도'가 운영된 것이라 할 수 있다. 착취적 제도가 국민 대다수가 아닌 특정 이익집단에게 이익을 귀속시킨다는 점에서(Acemoglu & Robinson, 2012)[92] 386세대는 일종의 이익집단적 성격을 지닌다고 말할 수도 있다. 이는 특히 386세대가 한 사회의 제도를 만드는 정치 영역에 일찌감치 진출한 것과도 무관하지 않다.

그럼에도 386세대의 삶이 녹록하지만은 않다고 말하는 것은 빈곤율 40%가 넘는 부모 세대와 체감실업률이 30%에 육박하는 청년 세대 사이에 끼어 있기 때문이다. 이화여대 사회학과 최샛별 교수는 "민주화세대는 유신세대와 더불어 기득권으로서 가장 많은 사회적 자원을 가졌으나 바로 그 점 때문에 윗세대와 아랫세대를 부양해야만 하는 아이러니한 상황에 처해 있다"고 말한다(최샛별, 2018).[93] 사회안전망 구축과 분배정의 실현을 외면하고 노동 없는 이익, 즉 지대추구(rent seeking)에 몰두하며 살아온 과거의 시간들에 대해 책임져야 할 운명에 도달했다는 것이다.

부모 부양은 하되 스스로는 자식에게 부양받지 못할 가능성이 높은 386세대가 각자의 부모와 자식만 부양하는 '가족 도생'을 꾀하리라 예측하는 건 어렵지 않다. 지금까지 대한민국 복지가 가족주의에 의지해왔듯이 말이다. '내 가족만이라도 잘 먹여 살려야 한다'는 다짐은 '내 가족만 잘 먹고 잘살면 된다'는 아집으로 변했다.

월 20~30만 원의 노인기초연금과 10만 원의 아동수당, 일부 지자체가 주는 몇십 만 원의 청년수당으로 '세금 내는 사람' 위세를 내보지만, 이 돈이 쪽방촌 노인이나 지옥고(지하, 옥상, 고시원)를 전전하는 청년들에게 '그래도 내일은 오늘보다 나으리라'는 희망까지 주지는 못한다. 아무리 노력해도 손 닿지 않는 곳으로 희망은 멀리 달아나버렸기 때문이다. 취업이나 결혼 등 여러 가지를 포기한 N포는 20대를 거쳐 30대의 삶에 침투했으며, 곧 40대의 삶까지 잠식할지 모른다.

과거에는 결혼으로 사회경제적 지위를 업그레이드하는 '혼테크'도 적지 않았으나, 최근에는 '동질혼' 경향마저 강해져 학력, 소득, 집안 배경 등이 유사한 이들끼리 결혼해 계급 재생산이 더욱 가속화되고 있다는 지적도 나온다(김효정, 2019).[94] 꼭 금수저가 아니라 동수저라도 물려준 이들은 자기 자식이 흙수저 아이들과 섞일까 두려워 아파트 놀이터의 문을 꼭꼭 걸어 잠그고 철조망을 친다. 자라는 아이들 입에서 임대주택 거주자나 빌라 거주자를 비하하는 '휴거(휴먼시아 거지)'나 '빌거(빌라 거지)' 같은 단어가 내뱉어진다(송진식, 2018).[95] 솜털 보송한 초등학생의 입에서 이런 단어가 나오는 시대를 야만의 시대라 하지 않을 도리가 없다.

2019년의 오늘은 누가 만든 세상일까?

다른 나라들은 수백 년에 걸쳐 이룬 경제성장과 정치적 민주화를 반세기도 안 돼 달성한 덕분에 경험과 생각이 극명히 다른 세대들이 동시에 한반도 절반의 땅덩이에서 지지고 볶으며 살고 있다. 먹고사는 걱정을 덜게 된 데에 산업화세대가, 민주화 달성에는 386세대가 유독 큰 주인의식을 가진 것과 마찬가지로 세상이 이 지경에 이른 데에 더 큰 책임의식을 가져야 할 세대가 있을 터다.

우리는 지금 대한민국에서 가장 크고, 가장 강력한 세대라 할 수 있는 386세대를 바라본다. 가난과 전쟁 탓에 못 먹고, 못 입고, 못 배운 부모 세대 등에 올라타 독재자가 허용한 효율과 성장의 과실을 맛보며 10대를 보내고, 두 번째 독재자가 교육의 평등을 설파하며 내건 교육개혁조치의 수혜로 20대를 열었던 386세대. 이어 반(半)독재자가 내민 200만 호 아파트 건설 카드와 청약통장 덕에 일찌감치 내 집 마련의 기회를 얻어 중산층에 진입했으며, IMF 외환위기의 파고조차 비껴간 운 좋은 세대. 시대가 선사한 거듭된 운을 실력이라 믿으며 불운한 뒷세대에게 '우리는 안 그랬다'며 '노오력'을 강조하는 이 사람들 말이다.

그러려고 그런 게 아닌데

●○○

한때는 찬란했다. 대한민국 1등 신문을 자처하는 《조선일보》는 20년 전인 1999년 '한국의 주력 386세대'라는 36회짜리 기획기사를 연재했다. 81~87년 사이 학번인 기자 넷이 남도 아닌 자기 세대를 조명하기 위해 '386세대취재팀'을 꾸려 동시대를 살아가는 동료 집단을 '주력'이라 부르며 해부한 것이다.[96] (이후에도 《조선일보》는 '도전2029세대'팀을 꾸려 20대를 탐구했다. 《조선일보》의 '세대'에 대한 관심은 확실히 남다르다.)

당시 《조선일보》가 해부한 386세대 주인공들은 대체로 정치, 경제, 사회, 문화 전 영역에 걸쳐 우리 사회의 '허리' 역할을 하는 이들로, 대학을 나왔으며 그중에서도 소위 말하는 명문대 출신 엘리트 중심으로 그려졌다. 《조선일보》는 서울대 영문학과 85학번 출신의 당시 모 기업 대리의 말을 다음과 같이 실었다.

우리들은 개인에 침몰되지 않고 언제나 사회라든지 공동체 같은 큰 대의를 생각하며 시야를 넓히고 살았다. 80년대에는 '자기' 인생 설계를 하는 대학생들이 이기주의요 개인주의라 매도되기도 했다. 벤처기업을 창업하는 대학생이 칭찬받는 요즘 상황을 보면 정말 세상이 많이 바뀌었다는 느낌이다. 386세대에는 정신적으로 순수함을 추구하는 사람들이 다른 세대보다 많다. 못살던 40대, 자유분방한 20대…. 386은 그들 사이에서 중심을 잡아주지 않을까. '80년대 대

학생 정서'라는 게 있지 않은가. 옳은 길이라는 대의가 한국의 미래
를 바른 길로 이끌 것이란 게 우리 믿음이다.[97]

대의, 정신적 순수함, 중심, 바른 길… '이념' 과잉의 시대를 산
다수의 386세대 엘리트에게서 흔히 들을 수 있는 단어들이다.
1980년대를 탈출하고 강산이 한 번쯤 변했을 시기에 이뤄진 인
터뷰이니만큼 과잉 이념의 흔적이 남아 있는 것은 이해할 만하
다. 그 이후 또 한 번 강산이 변했을 법한 2008년 3월《시사인》
은 '386세대, 잔치는 끝났다'는 커버스토리를 통해 386세대 엘
리트들에게 마이크를 들이댔다. 현재 더불어민주당 소속 20대
국회의원이자 한창민(전 인터넷기업협회 사무국장) 등과 함께 '386'
이라는 조어를 탄생시킨 주역인 김종민은 당시 이렇게 말한다(고
재열·박근영, 2008).[98]

우리 부모 세대는 전쟁을 극복하고 먹고살자고 허리띠 졸라매면서,
386세대를 낳았다. 우리 앞 세대, 부모 세대들이 먹고사는 데 집중
했다면, (386세대는) 그 위의 가치인 문화, 정치, 정의 등을 고민하
고, 합리적인 가치에 에너지를 쏟은 세대였다. 대학을 다녔건 안 다
녔건 반공 체제에서 벗어나는 합리성과 사회를 변화시킬 에너지를
갖고 있었고 이는 성과와 진보로 이어졌다.

386세대의 성과와 진보, 즉 그들의 성장은 대한민국이라는 국

가의 성장과 이인삼각 경기를 펼친 듯 보인다. 1981년 7.2%, 1983년 13.2%, 1985년 7.7%, 1987년 12.5%, 1990년 9.8%. 대한민국 경제가 경이로운 경제성장률(실질 GDP성장률)[99]을 기록하며 한걸음을 내딛을 때마다 386세대의 물적·지적 풍요로움도 함께 성장했다. 1980년대가 허락한 풍요로움을 20대의 자유가 만나 스스로 '상위 가치'라 일컫는 것들, 말하자면 민주주의와 인권, 평화와 같은 가치를 꽃피우리란 기대도 컸다.

그러나 386세대가 지나온 지난 30년의 대한민국을 돌아보자. 2019년 오늘의 모습은 그들이 만들고자 했던 세상과 얼마나 동떨어져 있는가? 우리가 살아가는 나쁜 세상의 단면을 열거하자면 끝이 없다. 숫자로 나타나는 대한민국의 현실은 더욱 암담하다. 경제 선진국 클럽이라 할 수 있는 OECD 회원국 중 노인 및 청소년 자살률 1위, 노인 빈곤율 1위, 장시간 노동 3위, 출산율 꼴찌를 기록하고 있으며, 부패인식지수는 180개국 중 45위, 행복지수 156개국 중 54위다. 먹고사는 문제가 해결된 세계 11위 경제 대국의 어두운 얼굴이다. 이러한 지표들을 보면서 민주주의와 인권, 평화와 같은, 그들이 지향한다 흉내 냈던 상위 가치가 강물처럼 흐르는 나라가 되었다고, 과연 386세대는 말할 수 있을까?

1980년대 말 남한사회주의노동자동맹(사노맹) 사건 등으로 옥고를 치른 뒤 학원 강사로 사회에 발을 내딛은 채기하(가명) 씨는 말한다.

내가 갈 수 있는 곳은 학원밖에 없었다. 글 쓰는 데 필요한 생활비만큼만 벌고 나가겠다 생각하고 시작했는데 벌써 20년 가까이 됐다. 공교육이 하지 못하는 일을 학원 강사들이 하고 있는 것도 사실이다. 아이들에게 물어보라. 학교 선생님과 학원 선생님 중 누구를 더 신뢰하는지〔채기하(가명), 학원 강사〕.[100]

젊은 시절 자본주의체제에 반기를 들었던 그는 교육의 성과마저 돈이 좌지우지하는 대한민국 자본주의의 첨병 격인 사교육 시장에서 일종의 타협안을 찾은 듯 보인다. 사교육 시장의 원죄를 인정하면서도 이제는 구조의 재생산에 기여하며 그 속에 안주하는 것이 더 편해졌음을 그는 물론 누구나 짐작할 수 있다.

국책연구원에 다니는 남편을 둔 1964년생 한미자(가명) 씨는 자식 교육을 위해 2000년대 초 일찌감치 서울 강남으로 이사했다. 할아버지의 재력은 없지만 아빠의 무관심과 엄마의 정보력으로 한씨의 큰아들은 스카이라 불리는 대학에 합격했고, 그사이 아파트값은 남편 연봉의 10배 넘게 올랐다. 한씨는 말한다. "오로지 남편과 아이들만 바라보며 산 삶이었는데, 자식들이 잘 커주고 내가 골라 이사한 집값이 계속 올라주니 집안에서 내 위상이 높아졌다."[101]

교육과 부동산 두 마리 토끼를 모두 잡은 한씨는 주변 부동산 중개소의 권유로 꽤 높은 값에 강남집 전세를 놓고 분당에 새집을 사서 들어갔다. 스카이 대학 입학자를 배출한 아파트는 현대판

맹자 엄마들의 입소문을 타고 프리미엄이 붙었다. 한씨는 N포세대 뉴스를 보며 자신의 아들이 집이 없어 결혼 못 하는 일은 없도록 아들을 위한 아파트도 한 채 마련해뒀다. 대출을 끼고 샀지만 이 또한 가격이 꽤 올라 큰 걱정은 없다.

채씨와 한씨 모두 스스로를 중산층이라 규정하는 평범한 사람들이다. 이들은 부동산, 사교육 시장 물줄기의 중간 어딘가에 몸을 맡겼다. 당최 누가, 왜 대한민국 부동산과 사교육 시장을 이토록 불공정하게 끌고 갔는지는 묻지 않았다. 사교육비를 대기 위해 대리운전 뛰는 엄마들 이야기와 학원시간에 맞추려 편의점 삼각김밥으로 끼니 때우는 아이들의 이야기가 수년째 다뤄져도 눈감았다. 몇 달 사이 수천만 원이 오르는 아파트를 비상식적이라 생각하면서도 로또 맞은 듯 좋아했다. 머릿수 많고, 유사 이래 가장 똑똑한 첫 세대이며, 그래서 평등의식도 남다른 386세대 일부가 몸을 맡긴 물줄기는 빠르게 몸집을 불렸다.

이들이 선택한 길은 대한민국의 주류로 인정됐고 지향점이 됐으며, 일부는 신화처럼 회자되기도 했다. 강남 불패 신화, 대치동 불패 신화다. 강남과 대치동에 둥지를 마련할 형편이 못 되는 '뱁새'들은 곳곳에서 또 다른 신화를 쓰려 고군분투한다. 중계동 불패 신화, 목동 불패 신화, 분당 불패 신화 등의 아류가 등장했으며, 신화 속 아이들은 부모들을 계급 지어 수저 색깔을 성공과 실패의 변명으로 삼는다.

민주화라는 깃발을 들고 대의를 외쳤던 386세대였으나, 이들이 목소리를 키우며 살아온 지난 30년간 세상은 결코 좋아지지 않았다. 이상과 현실 간 간극을 눈감았거나 그 간극을 메울 능력이 부족하지는 않았는지 스스로 물어야 한다. 386세대에 대한 막연한 기대는 구체적 실망으로 탈바꿈했으며, 이들의 과잉된 이념과 시대와의 잘못된 조응으로 바른 변화를 이끌어내지 못한 데 대한 질타의 목소리가 386세대 내부에서도 터져 나왔다. 앞서 2007년 《시사인》 인터뷰에서 당시 이명박 대통령 당선자 비서실에 소속되었던 이성복은 "(우리 세대는) 논리력, 화술, 토론 이런 것만 발달하고 발로 뛰는 걸 못한다. 나쁜 말로 입만 살았다"고 자책했다.

물론 여전히 믿는다. 그들이 고의로 세상을 이리 만들지는 않았을 것이라는 걸. 하지만 미필적고의마저 부정할 수 있을까?

2

386세대의
미필적고의

미필적고의:
어떤 행위로 범죄 결과가 발생할 '가능성'이 있음을 알면서도
그 행위를 행하는 심리 상태.
— 표준국어대사전

초비대 세대의 초장기 집권

●○●

'386' 명칭대로라면 386세대가 사회로부터 주목받기 시작한
것은 그들이 30대일 때다. 대학을 다니고 민주화에 앞장서며 20
대부터 특별한 관심을 받은 386은 '운동권'이라 불린 소수 집단
이었을 뿐이다. 세대 전체가 이름을 갖게 된 것은 1990년대에
이르러서다. 이 30대가 40대를 넘어 이제 50대가 됐다. 이변이
없다면 386세대는 60대, 70대에도 거뜬히 한국 사회의 중추적
목소리를 유지할 것이다. 전무후무한 힘과 규모를 가진 세대이기
때문이다.

행정안전부의 주민등록 인구통계에 따르면, 2019년 현재 386

세대에 해당하는 50대가 865만 명가량으로 전 세대를 통틀어 가장 비대하다. 50대를 꼭짓점으로 40대 843만, 30대 719만, 20대 681만으로 줄고 있으며, 60대 인구도 한국전쟁과 전후 보릿고개의 영향으로 607만 수준이다.

1960년도에 태어나 1980년대 대학 학번을 얻은 이들은 865만 가운데 293만가량이며, 이 가운데 187만 명은 4년제 대학을 나왔다. 1970년대 학번을 가진 사람들이 4년제 종합대학과 2년제 전문대학을 통틀어 89만에 불과한 것에 비교해볼 때 3배나 많은 수의 대졸자가 386세대의 중심부를 차지했다. 이들은 자연스럽게 1970~1980년대 경제호황기를 거치며 늘어난 일자리의 일부분을 차지했다. 꼭 대학을 졸업하지 않고도 일할 수 있던 곳을 서서히 대졸 386세대가 채워갔다. 상업고등학교를 나와 은행에 들어가던 시절이 막을 내린 게 바로 386세대가 사회로 나오던 1980년대 중후반부터다.

이때부터 시작된 대졸자 중심 경제는 이후 세대가 대학을 통한 '개천의 용'을 꿈꾸게 하는 데 지대한 영향을 미쳤다. 대학은 사실상 '필수재'가 되다시피 해 2005년에는 대학진학률이 82%까지 올랐다. 2005년을 정점으로 서서히 내림세를 보여 2018년에는 69.7%까지 내려왔으나 60% 초반대의 캐나다, 일본이나 45% 이하의 독일, 프랑스 등에 비교하면 여전히 높은 수준이다.

대학이 취업을 보장하고, 취업이 결혼의 전제조건이 되는 인생 공식이 무너지자 대학진학률도 함께 떨어지고 있다. 취업이라는 고리가 약해진 까닭이다. 대학진학률이 30%대에서 80%대에 이르는 20년 사이 취업준비생들의 능력과 욕구는 상향 평준화됐지만 이른바 화이트칼라 직장, 안정적인 정규직 일자리를 구하는 일은 점점 어려워져 능력과 보상 간 괴리가 커지고 있다.

앞서 1부와 3부에서 살펴봤듯이 IMF 외환위기조차 기회가 됐던 386세대는 능력과 보상 간 괴리가 작거나, 능력보다 보상이 더 높았던 시대를 산 마지막 세대라고 할 수 있다. 이들은 외환위기를 통과하던 당시 한국경제의 허리 역할을 담당하면서 노동자의 노력과 능력에 대해 '최소'로 보상할 수 있는 방안을 적극 강구했다. 앞서 밝힌 1998년 파견법, 2006년 비정규직보호법, 2019년 강사법 등이 그 예다. 이와 동시에 '일자리=정규직'의 시대를 스스로 마감한 이들은 현행 노동법이 보장하는 '최대' 범위의 보호를 받으며 정년을 채우고 있다.

임금피크제에 반발하며 명예퇴직을 일찌감치 결정한 이들 가운데에는 자회사 임원으로 자리를 갈아타거나 유관 협회에 감사, 이사, 고문 등으로 들어가 깎이지 않은 연봉을 정년까지 보장받기도 한다. 386세대보다 앞서 이 길을 걸은 산업화세대 일부 엘리트가 정년을 훌쩍 넘긴 나이에 대학교 겸임교수로서 제3의 인생을 시작하는 걸 보면, 386세대 일부의 60~70대 모습도 짐작하기 어렵지는 않다.

후속세대에게 386세대는 지지 않는 태양처럼 보인다. 20대 후반이 되어서도 변변한 일자리를 못 찾고, 일자리가 있어도 2년마다 새로운 직책으로 계약을 갱신하는 꼼수에 불평 한마디 못 하며, 불안정한 일자리 때문에 결혼은 고사하고 연애도 유예하는 젊은이들에게 386세대의 삶은 요원한 꿈 같다.

꿈같은 삶을 산 누군가는 '요즘 젊은 사람들은 도전정신이 없다'며 창업정신을 강요하기도 한다. 적으면 1천만 원가량, 많으면 1억 원짜리 창업지원프로그램이 지난 몇 년간 우후죽순 생겨나면서 마치 스테로이드제를 맞은 듯 창업률이 유지되고 있지만, 경험과 지식 수준이 낮은 청년들의 창업 성공률은 1% 수준밖에 되지 않음은 주지의 사실이다. 이른바 선진국이라 불리는 나라에서는 기술 숙련도와 인적 인프라가 좋은 중장년층이 창업에 나서서 좋은 선례를 남기고 있다는데, 많은 경험과 인적 네트워크를 가진 우리나라 중장년층은 기존 체제를 벗어나 도전하는 대신에 체제의 맛도 못 본 이들을 등 떠미는 모습이다.

정치, 경제, 사회, 문화 전 분야에 걸쳐 30대부터 주목을 받은 386세대는 기득권으로서의 지위를 고스란히 30년째 이어가고 있다. 학연, 지연, 혈연 네트워크가 386세대 속에서 얽히고설키며 그 지위는 더욱 공고해졌다. 그래서 쉽사리 세대 권력은 이양될 듯 보이지 않는다. 부모의 경제력이 자식에게 대물림되듯, 386세대 부모들이 가진 정치, 경제, 사회, 문화적 권력이 고스란히 그들의 자식 세대에게 이어질 가능성이 높다. 능력주의에도, 심지어 386세대가 그토록 부르짖은 민주주의 원칙에도 반하는

'세습'이라 하지 않을 수 없다. 그리고 386세대와 그들 자식 세대 사이에 끼어 존재했던 세대들은 지금까지처럼 앞으로도 잊힌 세대가 될지도 모른다.

언제부터 4차 산업혁명이 시작됐는지 명확히 알 수는 없어도 현재 세계 경제구조는 급격하게 변하고 있다. 디지털 세상의 중심에 소셜미디어에 능통한 밀레니얼세대가 아니라 16비트 퍼스널 컴퓨터의 등장에 열광했던 20세기 허리춤에 태어난 사람들이 있는 건 생각할수록 아이러니한 일이다. 고인 물은 썩게 마련이고, 사람은 나이 들수록 보수화된다는 믿음은 오래도록 유지되고 있다. 386세대에게 미필적고의를 묻는 이유다.

386세대가 진보적이라는 착각

●○●

이명박 정권(2008~2013년 집권)에 대한 심판의 성격을 지녔던 2010년 지방선거에서 당시 야당이었던 민주당이 크게 선전하자 언론들은 386세대가 IMF세대 등 뒷세대와 손을 잡고 '새 세대연합'을 만들었다고 흥분했다.

이번 지방선거는 세대 간 대결 양상이 뚜렷했다. 20~40 대 50~70으로 정확히 나뉘었다. 6월 2일 발표된 방송 3사 출구조사에 따르면, 20~40대가 야권 승리의 결정타가 되었다. 투표율도 평균치(54.5%)

를 웃돌았고 야당에게 몰표를 던졌다. (중략) 특히 접전 지역의 경우 야당이 승리한 곳은 20~40대의 결집력이 상대적으로 높게 나타났고, 야당이 석패한 서울·경기의 경우 그보다 조금 떨어졌다. 한마디로 20~40대 세대 동맹이 당락을 좌우한 것이다(박형숙, 2010).[102]

언론들은 특히 김두관(59년생), 송영길(63년생), 안희정(65년생), 이광재(65년생) 등 386세대 정치인들이 대거 지방자치단체장에 당선된 사실에 주목하며 보수화되던 386세대가 각성하고 있다는 신호로 해석하기도 했다.

그러나 당시 목소리 중에 주목할 만한 다른 목소리가 있다. 문학평론가 이명원은 "세대연합에서 여권(보수 진영)에는 가장 높은 지지율을, 야권에는 가장 낮은 지지율을 보여준 것은 부동산 이슈에 가장 민감하게 반응하는 386세대"라고 지적했다(이명원, 2010).[103] 실제 세대별 '야당-여당' 지지율 차이를 보면(당시 386세대는 40대), 20대 20%포인트, 30대 35%포인트, 40대 10%포인트 차를 보였다. 이를 두고 세대연합의 맏이인 386세대가 여당 심판의 선두에 섰다고 말하기는 어렵다.

이명원은 오히려 "IMF의 직격탄을 맞았던 30대들이 가장 적극적으로 여당을 심판했고, 그 뒤를 사회로의 진입이 막혀버린 세칭 '88만원 세대'에 해당하는 20대들이 뒤따르고 있는 형국"이라고 분석했다. 반면에 386세대에 대해 그는 "정치적 민주주의 차원에서는 이명박 정부에 대해 거의 비토에 가까운 심정적 분노를 드러내면서도, 부동산 자산가치 하락에 대해서는 두려움을 갖고 있는 모순적 상황에 갇혀 있다"고 바라봤다. 앞서 3부에서 논한 것처럼 부동산 활황의 맛이 386세대 진보성의 발목을 잡았다는 주장이다.

과연 386세대는 뒷세대와 잡은 손을 놓고 산업화세대와 손을 잡은 것일까? 이미 2007년 17대 대선에서 가장 진보적 세대라 자임했던 40대의 50.1%가 '뉴타운'으로 상징됐던 이명박을 지지한 현상은 이 같은 의구심에 확신을 더해준다.[104] 그런데 18대와 19대 대선에 이르면 386세대가 다소 진보 성향으로 유턴하는 모습을 보여주는 것도 사실이다. 이들은 18대와 19대 대선에서 박근혜, 홍준표보다 문재인을 더 지지했다.

하지만 눈여겨볼 점은 여전히 있다. 학자마다 세대 구분을 조금씩 달리하고 있으나, 386세대 중에서도 구심적 역할을 했다고 볼 수 있는 1963~1967년생들이 30대이던 16대 대선에서 37.4%가 이회창을 찍었는데 50세를 코앞에 두고 치러진 18대 대선에서 46.5%가 박근혜에게 표를 줬다는 점이다(이내영·정한울, 2013).[105] 19대 대선에서도 50대의 문재인-박근혜 지지율 차는 10.1%포인트로, 30~40대에서 40%포인트 넘게 차이 나는 것과 대비된다.

'보전하여 지킨다'는 보수(保守)의 정의에 비춰보면, 나이가 들면서 지킬 게 많아지니 자연히 보수화된다 할 수 있겠다. 지켜야 할 것 중 최상위 목록이 부동산인지에 대해서는 더 많은 논의가 필요하다. 다만 통계청 가계자산조사, 가계금융조사, 가계금융복지조사 자료를 살펴보면, 부동산 경기 폭등이 있었던 2006년에서 2010년 사이에 386세대가 가구주인 가계의 순자산(가계 총자산에서 총부채를 제외한 나머지) 평균이 2억 629만 원에서 2억 6,636만 원으로 여타 세대에 비교해 가장 많이 늘었다. 산업화세대의 경우 같은 기간 3억 2,921만 원에서 2억 9,109만 원으로 오히려 줄어든 것에 비하면 적지 않은 액수다. 범위를 넓혀 2006년에서 2018년 사이 순자산 증가율을 비교해보면, 386세대의 순자산은 85% 늘어난 데 반해 유신세대 순자산은 41% 증가했고, 산업화세대 순자산은 오히려 9% 하락했다.

　부동산 소유와 순자산 수준으로 일부 드러나는 386세대의 보수화는 세대 간 이동성은 물론 세대 내 이동성을 악화하는 데도 영향을 미치는 듯 보인다. 2006년에서 2018년 사이 순자산 평균증가율을 대학을 졸업한 그룹과 고등학교 이하 졸업 그룹으로 나눠 살펴보면 전자가 96%, 후자는 73%로 그 차이가 23%포인트에 달했다. 2006년 시점에 이미 전자의 순자산이 후자의 2배 이상이라는 점을 고려하면 두 그룹 사이의 간극은 숫자가 보여주는 것 이상이다. 유신세대에서도 2006년 기준 두 그룹 간 순자산 격차가 2배 이상이긴 하나, 이들의 2018년까지의 순자산 증가율은 고졸 이하 그룹(45%)이 오히려 대졸 그룹(37%)보다 높은 것과는 크게 대비된다. 다시 말해, 유신세대에서 386세대로 넘어오면서 학력에 따른 양극화가 더 심해졌다고 말할 수 있다.

양극화 경향은 아랫세대로 갈수록 더 심화되는데, 위와 같은 기간 동안 고졸 이하 그룹과 대졸 그룹의 순자산 증가율을 비교하면, X세대는 238% 대 185%, 밀레니얼세대는 276% 대 444%다. 2006년에 X세대는 30대, 밀레니얼세대는 20대이므로 평균 순자산액 자체가 적기 때문에 증가율도 크게 나타나는 면이 있으나, 이들 부모 세대의 부가 이전돼 격차가 더 심화됐다고 볼 여지도 있다. 자식 세대의 대학진학률이 70~80% 수준까지 올랐다는 사실에 비춰볼 때 산업화세대의 부가 X세대로, 유신세대의 부가 밀레니얼세대로 빠르게 이전되었으며, 이 과정에서 사회문화적 자산까지 대물림됐을 가능성이 농후하다.

이와 관련하여 통계청이 발간한 『한국의 사회동향 2018』을 보면 세대 내 이동 가능성을 긍정하는 비율이 2009년 35.7%에서 2017년 23.1%로 낮아진 것을 알 수 있다. 이는 '아무리 노력해도 미래가 나아지지 않는다'라는 인식, 즉 사회적 불평등 구조의 고착화를 강력히 드러내준다. 4년 전 2030세대의 소득 증가율이 처음으로 마이너스로 떨어지면서 '단군 이래 부모보다 못사는 자식 세대 출현'이라는 담론도 등장했는데, 이는 세대 간 이동성 또한 크게 낮아진 시대에 진입했음을 보여준다(고기정, 2016).[106]

도덕의 몰락, 백세 시대를 살아내기 위해

●○●

386세대이며 진보 진영의 대표적 언론인이기도 했던 문재인 정부의 두 번째 대변인이 부동산 문제로 쫓기듯 직을 내려놓는 일이 2019년 초입에 있었다. 김의겸(63년생) 전 청와대 대변인의 이야기다.

고위공직자 재산공개 결과를 보니 부동산 투기를 잡겠다는 정부의 대변인이 10억 원이 넘는 돈을 빌려 재개발이 예정된 상가에 투기를 했다는 의혹에 휘말렸다. 청와대 관사에 살던 그는 직을 마친 뒤 또다시 전세를 살기 싫었다거나, 노모를 모실 큰 집이 필요했다고 변명 아닌 변명을 했다. 기자들에게 사퇴를 알리는 문자에서는 "아내가 상의 없이 내린 결정"이라고도 했다. 누군가는 '불법은 아니지 않느냐'고 그를 옹호하기도 했다. 그러나 그는 13개월 만에 대변인직에서 물러났다.

> 난 전셋값 대느라 헉헉대는데 누구는 아파트값이 몇 배로 뛰며 돈방석에 앉고 (중략) 힘 있는 자들이 휘젓고 다니는 초원에서 초식동물로 살아가야 하는 비애는 '도대체 국가란 무엇인가'라는 근본적 의문을 낳게 한다(김의겸, 2011).[107]

불법은 아니다. 다만 그는 '보통의 상식'을 뛰어넘었다. 한국 사회 감시견을 자처하며 살아온 스스로는 물론 그 길을 가고 있는 수많은 언론인의 자존심에 상처를 냈다. 결국엔 '건물주'만이 답이라는, 중학생도 아는 대한민국의 아픈 진실을 청와대 대변인이 몸소 시연해주어 이번만은 강한 국가권력이 집 없는 설움을 누그러뜨려주리란 서민들의 기대를 허물었다.

비단 김의겸만의 문제는 아니다. 역대 국회 인사청문회에 선 고위공직자 후보들 중 투기, 다운계약서 작성, 위장전입 등 부동산 관련 비위에 연루되지 않은 사람을 찾는 게 더 어려울 지경이다. 한때 촉망받는 정치인이었으나 '문화계 블랙리스트' 사건을 주도한 혐의로 재판을 받고 있는 조윤선(66년생) 전 문화체육관광부 장관은 2016년 인사청문회 당시 복수의 아파트를 사고팔아 27억여 원의 시세차익을 남긴 게 문제로 지적되기도 했다(김정환, 2016).[108] 검사장 출신의 한 변호사는 '서초동 쌍끌이'라 불리며 모은 돈으로 오피스텔 1백여 채를 사들인 사실도 알려져 서민들의 박탈감에 기름을 부은 일도 있었다(이예진, 2016).[109]

백세 시대 노후 대책의 한 축에 부동산이 있다면 또 다른 한 축에 자식 보험이 있다. 부모를 부양하는 마지막 세대, 자식에게 부양받기 어려운 첫 세대가 될 가능성이 농후한 386세대들은 사회에 발을 내딛기 시작한 자녀들과 취업 전선에서 함께 뛰고 있다.

딸을 취직시키고자 기업의 편의를 봐주고 청탁 전화를 넣은 노조위원장 출신 정치인, 아들을 취직시키고자 기업 사장에게 읍소하는 메시지를 보낸 언론사 부장, 아들딸의 대학 편입학을 위해 논문에 공저자로 허위 이름을 올린 교수들을 보며 사람들은 좌절했다. 뉴스가 미처 다루지 못하는 평범한 부모들은 또 어떠한 가? 하지도 않은 봉사활동을 아는 사람에게 부탁해 봉사활동 확 인서를 받아다주고, 자식의 공모전 출품에 부하직원을 동원하는 일들이 심심찮게 벌어진다.

10여 년을 거슬러 올라가보자. 2006년 한 중학교 교사는 386 세대 부모들의 이중성을 고발하는 글을 언론매체에 기고했다. 그 는 "386세대 부모들의 저항정신은 자기 자식에게 불이익을 주는 일에만 국한된다"며 대학 입시와 무관한 영역에서의 부조리함에 는 눈을 감는 게 일상적이라고 비판했다.

> 그들은 학교의 부당한 결정에 대해서는 강하게 반발하면서, 동시에 자녀의 시험 점수에는 높은 관심을 보인다. 이를테면 자녀의 '점수'가 부당하게 나왔다고 생각되면 과거 권위적인 독재정권에 저항하던 것 처럼 학교에 강하게 항의한다. 자신은 민주화운동을 한 세대로서 학 교의 부당한 처사를 참으라고 자녀에게 설득할 수 없다고 말하는 경 우도 있었다(조영선, 2006).[110]

털끝만큼의 권력이라도 있다면 한 톨도 낭비할 수 없다는 집 착, 옳은 것과 그른 것의 경계가 흐릿한 지대에서 슬그머니 자취 를 감추는 염치, 결국 불의보다 불이익에 민감해진 우리 사회 양 심의 모습을 386세대는 고스란히 보여주고 있다. '이 정도쯤이 야' 하는 허술한 양심의 벽은 지난 30년간 시대가 부여해준 호의와 그 속에서 이룬 성공스토리에 기인한다고 할 수 있다. '그건 반칙이야'라고 외치는 목소리에도 아랑곳하지 않고 말이다.

패러다임 전환 시대의 엇박자

●○○

386세대는 구시대의 막차보다 새시대의 첫차가 되겠노라고 입버릇처럼 말했다. 그들은 젊었고 호기로웠다. 까라면 까고, 적과 동지를 명확히 구분해 똘똘 뭉치고, 개인보다 집단을 앞세우는 DNA가 통하던 시대에 386의 힘이 새시대의 열차를 견인해 줄 것으로 다수가 믿었다.

새시대가 무엇인지 정의 내리기 쉽지 않지만, 최근 몇 년을 관통하는 키워드를 살펴보면 2019년 이후 앞으로 다가올 새로운 시대상이 희미하게나마 그려질지 모른다. 인공지능과 사물인터넷, 블록체인 등으로 대표되는 4차 산업혁명, 그리고 대규모 난민과 이주자, 테러로 나타나는 세계화 심화와 국경의 몰락, 그리고 에어비앤비, 우버 등으로 대표되는 공유경제, 화석연료에서 재생에너지로의 에너지 전환과 생태환경 보전, 성소수자 인권과 양성평등이 포괄하는 성역할 논의 등은 21세기 들어 시작됐다.

손바닥 위 휴대용 컴퓨터가 된 스마트폰이 도입된 것도 불과 10년 전으로, 지난 10년 사이 우리는 눈이 돌아갈 만큼의 혁명적 변화를 일상 속으로 흡수했다. 이 변화를 가장 적극적으로, 본

능적으로 수용한 사람들은 의심의 여지없이 연령이 낮은 세대다. 아직 교육 영역에 있는 더 젊은 세대를 제외하면, 흔히 밀레니얼 세대, 더 좁혀서 Z세대라고 불리는 이들이다.

그럼에도 한국 사회의 무게중심인 386세대는 혁명적 변화의 물적 토대를 제공하는 한편 이러한 변화가 사회와 충돌하는 지점에 서서 게이트키핑(신문이나 방송 같은 미디어에서 뉴스결정권자가 어떤 뉴스를 보도할지 취사선택하는 과정)의 역할을 자임하고 있다. 윗세대 다수가 기술 발전 등의 변화를 따라잡지 못해 거리 두기를 하는 것과 달리, 386세대는 변화에 편승하고 부응하기 위해 노력함과 동시에 불편한 변화에 제동을 걸며 속도 조절을 하는 것이다.

좋게 말하면 속도 조절이지만, 이들의 행위가 시대의 발목을 잡는 일이 될 수 있다는 경고도 흘려들을 수 없다. 대표적으로 차량공유를 둘러싼 논란을 살펴보자. 미국에서 탄생한 차량공유서비스 우버(Uber)는 국내 택시업계의 반발로 안착에 실패했으며, 우버와 비슷한 이유로 국내 업체인 카카오모빌리티(Kakaomobility)의 '카풀'과 쏘카(SOCAR)의 '타다'가 택시업계와의 불화 속에 적대적 공생을 하고 있다. 이 과정에서 궁여지책으로 등장한 게 전가의 보도처럼 쓰이는 '사회적 대타협'이다.

정부와 정치권에 몸담은 386세대 정치인들(더불어민주당 택시·카풀 태스크포스위원장 전현희, 국토교통부 장관 김현미)은 2019년 초, 택시 4단체와 업체를 중재해 구산업의 쇠퇴는 저지하되 신산업의 성장은 밀어주지 못하는 '상생합의안'을 마련했다. 경제의 기본 목표인 사회적 후생 증가는 소비자 잉여와 생산자 잉여의 합으로 측정됨에도 불구하고, 소비자의 목소리는 배제된 채 조직된 소수로서 선거에서 표 결집이 쉬운 생산자 단체만 사회적 합의에 참여시켰다는 비판이 당시 일었다.

블록체인 기술을 활용한 암호화폐 투자가 과열되자 정부가 즉각 규제에 나선 일, 오랜 시간 합을 맞추며 올림픽을 준비했지만 메달 딸 가능성이 낮은 여자 아이스하키 선수들을 남북 평화의 이름으로 남북 단일팀 결성을 강행한 일은 어떠한가? 국제사회가 성소수자 차별을 금지하는 결의를 내놓는 마당에 버젓이 "동성애를 '반대'한다"고 거리낌 없이 말하는 정치인들의 모습과 미투 열풍에 몸을 깊숙이 낮춘 우리 주변 50대 아저씨들의 모습은 또 어떤가? 대한민국을 들끓게 했던 이 사건들의 중심에 사회 각 분야에서 '의사결정권'을 가진 386세대가 있다.

패러다임의 전환이라 부를 만한 변화가 곳곳에서 터지고 있다. 기후변화와 자연재해, 공유경제, 인공지능, 테러리즘, 성평등, 개인과 국가의 갈등에 이르기까지 우리 모두 어느 것 하나 익숙하지 않다. "내가 해봐서 아는데"나 "너희들이 뭘 알아"로 표현되는 실패 경험 없는 승리에 대한 확신이 발붙일 자리가 없다는 말이다. 패러다임 전환은 한마디로 '단절'이다. 단절은 과거로의 회귀가 아닌 가보지 못한 길을 가며 오류를 끊임 없이 개선함으로써

극복될 수 있는 것이다(Kuhn, 1962/2013).[111]

　386세대는 성공한 과거의 경험을 끊임없이 되새기고, 지켜야 할 것이 많은 세대여서 과거와의 단절이 쉽지는 않다. 1987년도에 그들이 패러다임 전환적 승리를 거둔 것은 그들의 눈이 과거나 현재가 아닌 미래에 가 있었기 때문에 가능했다. 사람은 남은 생의 길이만큼 내다볼 수 있다는 말이 있다. 386세대는 새시대의 첫차가 먼 미래를 내다보며 출발할 수 있도록 구시대 막차의 마지막 칸을 붙든 고리를 끊어야 한다.

미필적고의의 가해자들

●○○

"경기를 전혀 공정하게 하지 않아요."

앨리스는 약간 불평하는 듯한 말투로 이야기를 시작했다.

"그리고 모두들 어찌나 크게 싸워대는지, 자기가 말하는 소리도 안 들릴 정도예요. 특별히 규칙 같은 것도 없어 보이더라고요. 규칙 같은 게 있다 해도 지키는 사람은 아무도 없어요. 모두가 다 살아서 돌아다니는데, 얼마나 엉망진창인지 몰라요. 예를 들어, 다음번에 쳐야 하는 아치가 경기장 저 끝에 가 있다니까요. 여왕님의 고슴도치를 크로케에서 써야 하는데 지금 그 녀석은 내 고슴도치가 오는 걸 보더니 도망가 버리고 없어요."

"여왕님은 마음에 드니?"

"고양이가 목소리를 낮춰 말했다.

"전혀요. 여왕님은 정말이지…"

순간 앨리스는 여왕이 등 뒤에서 자신의 말을 듣고 있다는 것을 눈치채고는, 이렇게 말을 이었다.

"…당연히 이기실 거예요. 그래서 경기를 끝까지 할 필요도 없어요."

여왕은 씩 웃고는 지나갔다.

— 루이스 캐럴, 『이상한 나라의 앨리스』[112]

어린 시절 흥미롭게만 봤건만, 세파에 닳은 어른의 눈으로 『이상한 나라의 앨리스』를 보니 잔혹동화가 따로 없다. 규칙이 있어도 아무도 지키지 않는 세상, 공정하지 않은 경기, 이변 없이 권력을 가진 자에게 트로피가 돌아가는 '답정녀(답은 정해져 있고 넌 대답만 하면 돼)' 경기는 앨리스뿐만 아니라 우리에게도 이상한 나라다. 눈 하나만 가진 종족 사이에서 눈 2개를 가진 종족이 비정상인 것처럼, 이상한 나라에 사는 성실한 갑남을녀들은 함께 이상해짐으로써 정상성을 획득하거나 그렇지 않다면 울분이 쌓인 삶을 살기 일쑤다.

'울분(답답하고 분한 마음)'이라는 말이 다소 격하긴 하나, 분노라는 단어만으로 설명할 수 없는 감정이 한국 사회에 만연해 있다. 서울대 사회발전연구소와 보건환경연구소, 행복연구센터가 공동으로 2018년부터 진행하고 있는 '한국의 울분' 연구에 따르면, 한국의 성인 남녀 2,024명 가운데 중증도 이상의 울분을 느끼며 사는 사람의 비율이 14.7%나 된다. 독일보다 약 6배나 높은 수준이다. 울분이 심해지면 외상후울분장애(PTED, Post-Traumatic Embitterment Disorder)로 발전하기도 한다. 울분장애를 겪는 집단은 특히 '세상은 공정하게 돌아간다'는 믿음이 다른 집단에 비해 현저히 떨어지는 것으로 나타났다고 연구팀은 설명한다.

연구책임자인 서울대 보건대학원 유명순 교수는 "(사람들에게는) 세상은 공정하며, 세상은 나를 공정하게 처우할 것이라고 믿는 '공정세계 신념'이 있다. 이를 위배하는 불공정, 불평등, 차별이 계속되어 그러한 자기 신념이 깨지는 상황에 이르면 굴욕, 억울함, 분노와 복수심이 치솟게 된다"고 지적했다(이정규, 2019).[113]

울분의 원인이 단순히 피해나 사고 경험에 있는 것이 아니라 공정성이 배반당했다는 인식에 기인한다는 점은, 울분이 쌓인 개인들의 문제가 사회적으로 치유되어야 할 문제임을 의미한다. 즉, 앨리스가 하는 크로케 경기에 규칙이 있어야 하고, 그 규칙을 모두가 지키며, 경기 결과가 만인에게 평등하게 해석된다는 믿음이 있어야 하는 것이다. '이게 나라냐'를 외쳤던 촛불 민심에 부응해 탄생한 문재인 정부의 신조(평등한 기회, 공정한 과정, 정의로운 결과)와 닿아 있는 이야기다.

대한민국은 이미 수년 전부터 '헬조선'이라 불렸다. 2015년을 기점으로 지옥 같은 대한민국을 고발하고 조롱하는 글들이 젊은 이들이 자주 찾는 온라인 커뮤니티에 본격 등장하기 시작했다. 소위 좌파, 우파 성격을 가졌다고 분류되는 온라인 커뮤니티에서 문제의식이 공유되는 거의 유일한 지점이 바로 '헬조선' 담론이며, 그 화살은 기득권을 향해 있다. 기득권 중에서도 386세대는 X세대 및 밀레니얼세대와 활동 반경을 공유하는 가장 가까운 기득권 그룹이다. 밀레니얼세대가 대체로 '꼰대'라 부르는 이들이기도 하다.

'맞은 놈은 발 뻗고 자도 때린 놈은 발 뻗고 못 잔다'는 속담이 있다. 다 옛말이다. 맞은 놈들은 화병에 걸려 잠 못 들고, 때린 놈들은 자기 손에 묻은 피를 보지 않고서는 남을 때린 줄도 모른다. 헬조선이 되는 데 일조한 기득권, 그중에서도 386세대는 어쩌면 모를지도 모른다. 혹은 알면서도 모르는 척하고 싶을지도 모른다. 오랜 시간 한국 사회의 주류 세대 역할을 떠맡으면서 선택해온 것들이 어떤 나쁜 결과를 가져왔는지에 대해. 큰 불의에는 맞서 싸우고 분노했지만 생활 속 작은 불의들에 눈감고 내 앞의 작은 불이익은 참지 못한 역사가 오늘의 현실을 만들었다. 헬조선 탄생을 주동하거나 최소한 가담하고, 방관해온 386세대의 미필적고의에 대해 '가해자성'을 물어야 할 시간이다. 일본인 한국 현대사 연구자 후지이 다케시는 말한다.

가해자 의식이 한국 사회에는 별로 없다. 피해자로 머무는 것이 편하기는 하다. 세상에서 인정받을 수 있는 피해자의 자리를 얻었을 땐 더욱 그렇다. 가해자의 자의식을 갖게 되면 공인된 발언권을 가질 수 없다. 자신을 정당화해줄 아무런 논리도 없는 위치에서 말해야 하므로 소수자와 비슷한 위치에 서게 된다. 인간은 살아 있다는 것 자체가 가해자의 성격을 띤다. 이슬을 먹고 살지 않는 한 어떤 생명을 빼앗아야 생존할 수 있다. 자신이 가해자임을 외면하지 않으면서 어떤 윤리를 만들어갈 수 있을지를 계속 고민해야 한다(강성만, 2018).[114]

가해자임을 인정하는 것은 자신의 행동에 책임을 지겠다는 의미라고 후지이 다케시는 덧붙여 설명한다. 그의 말대로라면 가해자는 없고 온갖 종류의 피해자들만 난무하는 사회에서 책임이 설 자리는 없다. 우리 사회는 늘상 가해자가 명백한 사안이더라도 피해자의 귀책 사유를 찾는 데 혈안이 된다. 취업이 안 되는 사람에게 '노력이 부족한 건 아닌지'를 묻고, 성폭행 당한 여성에게 '짧은 치마를 입고 다녀서 그런 건 아닌지'를 묻는다. 마찬가지로, 386세대는 X세대와 밀레니얼세대에게 '너희의 능력과 노력이 부족한 것 아니냐'고 묻고 있다.

그렇다고 X세대, 밀레니얼세대의 피해자성만 부각하는 것도 마뜩한 일은 아니다. 이들 세대 안에서도 기득권 체제에 순응하고 기득권적 규칙을 빠르게 흡수한 사람들과 그러지 못한 사람들 사이의 단절은 이미 심각한 수준이기 때문이다. 비정규직으로 입사한 20~30대 동료의 정규직화를 앞장서서 저지하는 이들이 바로 정규직으로 입사한 또래임을 우리는 알고 있다. 이런 행동에 '공정성'이라는 이유가 따라붙지만 정규직 직원이 되기 위해 치른 시험이 진짜 공정한 잣대인지는 물을 여유가 없다. 송전탑에 올라 투쟁하는, 같은 직장 비정규직 동료들을 싸늘하게 바라보던 정규직 노조 386세대가 그러했듯이 말이다.

386세대 앞에서는 피해자의 목소리를 획득하지만, 동시에 또 다른 누군가에게는 가해자가 될 수도 있음을 뒷세대 또한 쉽게 인정하긴 어려울 것이다. 이렇게 약자가 또 다른 약자를 혐오하고, 멸시하고, 착취하는 극악한 갑질이 헬조선 구석구석에 스며 있다. 누가 책임감을 느껴야 하는가? 누가 먼저 가해자성을 인정할 것인가?

몇 해 전 '스카이'라 불리는 대학을 다니던 김예슬의 '대학 거부' 선언이 있었다.

나는 25년간 긴 트랙을 질주해왔다. 친구들을 넘어뜨린 것을 기뻐하면서, 나를 앞질러 가는 친구들에 불안해하면서. 그렇게 '명문대 입학'이라는 첫 관문을 통과했다. (중략) 언제까지 쫓아가야 하는지 불안하기만 하다. 나는 대학과 기업과 국가, 그들의 큰 탓을 묻는다. 그러나 동시에 내 작은 탓을 묻는다. 이 시대에 가장 위악한 것 중에 하나가 졸업장 인생인 나, 나 자신임을 고백할 수밖에 없다. 그리하여 나는 오늘 대학을 거부한다(김예슬, 2010).[115]

'김예슬 선언'이라 이름 붙은 이 일이 있은 후 몇몇 대학생들이 줄지어 학교 거부를 선언했다. 응원하고 공감하는 사람들이 온라인 카페를 만들자 2천 명 넘는 네티즌이 몰려들기도 했다. 지난 10여 년 사이 386세대의 반성문도 드문드문 온라인을 떠돌았지만 잠깐 소비되고 말았다. 더 많이 회자되고 더 많이 응원받길 바란다. 이로부터 386세대의 가해자성 인식은 본격적으로 시작될 수 있을 것이다.

5부

● ○ ○

게임체인저의
등장

●○●

역사적 성공의 반은
죽을지도 모른다는 위기에서 비롯되었고,
역사적 실패의 반은
찬란했던 시절에 대한 기억에서 시작되었다.

— **아널드 조지프 토인비**

●○●

약자들만의 의자게임

●○○

도시로 이주한 노동자들의 대량 수송 편의를 위해 1974년 건설된 지하철 1호선은 반세기에 가까운 시간이 지난 지금까지도 건설 목적을 충실히 이행하고 있다. 달라진 게 있다면, 1호선에 몸을 싣는 노동자들의 면면이 다양해졌다는 점이다.

새벽 첫차엔 영등포 일대 인력사무소로 향하는 남성들, 종로나 강남 등지에서 건물청소나 식당일을 하는 중년 여성들이 주로 몸을 싣는다. 크고 작은 회사들에 다니는 화이트칼라 노동자들과 노량진 학원가를 향하는 취업준비생들이 몸을 비비며 아침시간을 보내고 나면, 65세 이상 할머니, 할아버지 들이 '노인들의 강남역'이라 불리는 청량리역을 전후해 객차 내 의자를 가득 메운다. 종종 동두천, 의정부, 인천 일대에서 일하는 동남아시아 출신 블루칼라 노동자들도 지하철 1호선 출근길에 표정을 더한다.

면면이 다양한 이들이 퇴근길 한 객차에서 만날 때에는 소란이 종종 일어나기도 한다. 노약자석에 앉은 젊은 여성을 두고 '임신 증명'을 요구하는 노인이 있는가 하면, '젊은것들이 자리 양보를 하지 않는다'는 노인의 타박에 '무료로 지하철 타면서 피곤에 절어 퇴근하는 사람들더러 자리 비키라고 하는 건 파렴치하다'고 분노하는 젊은이도 있다. 누구나 알아볼 만큼 배가 부른 임신부나 허리 굽은 노인이 앞에 서도 귀에 이어폰을 낀 채 눈을 감거나 스마트폰 게임 삼매경인 것은 남녀노소를 가리지 않는다. 배려는 없고 분노와 무관심이 넘실대는 이 모습이 자칫 노인과 청년의 싸움처럼 보이기도 한다. 겨우 지하철 자리 하나를 두고 경찰까지 출동해야 사태가 마무리되기도 한다. 그깟 자리 하나가 뭐라고.

그깟 자리 하나가 어쩌면 그냥 자리 하나가 아닐지 모른다는 생각을 해본다. 목소리 높여야 잊히지 않고 배려받을 수 있음을 체화했거나, 한 번도 양보를 받아보지 못했기에 양보할 이유와 여력이 없는 것은 아닐까. '의자게임'(참가자보다 한 개 적은 수의 의자를 서로 차지하는 게임)이 벌어지는 사회 속에서 내가 차지하려 애쓰는 의자와 지하철 자리가 동일시되는 것이다. 절반의 노인이 빈곤의 늪에 빠져 있고 청년 취업자의 절반가량이 비정규직인 대한민국의 현재 상황으로 보자면, 지하철 자리다툼은 약자와 약자가 벌이는 아귀다툼처럼 보이기도 한다. 대체로 이미 의자를 차지한 중년 세대들은 이 광경을 팔짱 낀 채 목도하거나 모른 체한다.

대의를 외치고 개혁을 꿈꿨던 이들은 지금 중년이 됐다. 1980년대에 대학을 다니며 대한민국 민주화의 한 축을 담당했던 386세대 엘리트와 이들의 동료 네트워크는 2019년 현재 대한민국을 이끄는 가장 강력한 집단이다. 민주화 이후 지난 30여 년간 대한민국이 이뤄온 성과에 대한 주인의식만큼이나 현재 대한민국이 직면한 과제에 대해 책임의식을 가져야 할 세대라는 뜻이다. 그러나 지하철 자리다툼을 팔짱 낀 채 보는 사람들처럼, 386세대는 '헬조선'이라 명명되는 현 상황에 애써 눈과 귀를 닫고 있다.

부모의 경제력이 자식의 계급을 결정하고, 사(私)교육이 사(死)교육이 되고, 아파트가 로또가 되어가는 과정에서 이들은 적극적·소극적 가담자가 되어 자신에게 이로운 합리적 선택을 해왔다. 그러나 386세대 개인들의 합리적 선택은 안타깝게도 대한민국 공동체의 합리성을 갉아먹는 방향으로 귀결됐다. GDP와 같은 유형의 자산은 크게 성장한 가운데 평등, 공정, 정의, 신뢰와 같은 무형의 사회적 자산은 밑바닥을 드러냈다. 이를 모르지 않는 386세대는 자신들의 자식 세대가 마주할 헬조선이 걱정스럽지만, 기득권을 내려놓거나 현 상황을 탈피할 유인과 용기를 쉬이 내지는 않는다.

한때의 개혁가가 기득권자가 되어 공동체의 진보를 저해한 일은 역사를 거슬러 올라가보더라도 손가락이 모자랄 만큼 많다. 정도전과 조준 등은 고려 말의 혼란을 수습하고 사회 개혁을 추진하는 과정에서 권문세족의 경제적 기반을 약화시키고 국가 재정을 강화하는 과전법 개혁을 추진했다. 그러나 과전법 시행에 결정적 역할을 한 조준이 조선 개국 직후 받은 공신전만 수도권 일대 65만 평에 이른다. 『태종실록』에 따르면, 이미 태종2년에 "경기도 토지 14만 9,000여 결 가운데 공신전이 3만 1,240결에 달한다"는 기록이 나올 정도다.[116]

18세기 말 프랑스에서는 혁명을 선두에서 이끌었던 로베스피에르가 공포정치 독재자가 되어 결국 처형으로 생을 마감한 일도 있다. 개혁의 주체들이 시간이 지나 개혁의 대상이 되는 일은 다수의 역사적 사실들이 증명하고 있다. 이런 점에서 386세대의 보수화·기득권화는 어쩌면 피할 수 없는 현상이었는지도 모른다. 다른 세대보다 빠르게 사회적 목소리를 얻고 가장 길게 그 힘을 유지하고 있기에 이들의 보수화·기득권화는 한국 사회에 더 큰 부담이 되고 있다. 그렇다면 우리는 지금 무엇을 해야 하는가?

우선 달라질 건 없다는 체념의 언어부터 버려야 한다. 체념은 특히 오늘날 청춘들에게 가장 익숙한 언어가 되어버린 듯하다. 출산과 결혼, 취업조차 인생 계획 리스트에서 하나씩 삭제해가는 N포세대는 바랄 게 없으니 절망할 이유도 없게 되었다. 하지만 다가올 미래까지 한발 앞서 지워버리는, 편리한 무기력이 슬며시 이식되었던 것은 아닐까? 심리학자 마틴 셀리그만(Martin Seligman)의 표현을 빌리자면 '학습된 무기력(learned helplessness)'과 같은 것이 아닐까?[117] N포세대는 포기를 선택했다기보다 포기를 강요당했다고 말하는 게 더 적확할지 모르겠다. 마치 영화 〈매트릭스〉나 〈트루먼쇼〉에서 외부의 거대한 힘에 의해 조작된 현실을 주인공 개인의 의지와 상관없이 수용할 수밖에 없었던 것처럼.

무엇을 할 것인가

●○○

이제는 게임의 규칙 자체에 의문을 품어야 한다. 대한민국의 가장 큰 숙제 중 하나로 꼽히는 일자리 문제를 예로 들어보자. 어디든 들어가게 해달라는 바람을 넘어 나에게 맞는 일자리를 만들어내라는 요구를 할 수 있어야 한다. 떼를 쓰라는 게 아니다. 노동은 헌법이 규정한 국민의 의무이자 권리임을 알고 실천하자는 얘기다. 동일노동에 대한 동일임금 원칙, 남녀에 대한 차별대우 금지 원칙도 법조문에 죽은 활자로 갇혀 있지 않아야 한다. 부모의 경제력이 아닌 개인의 능력에 따라 균등한 교육을 받을 권리, 적절한 주거에 살며 행복을 추구할 권리에 대해서도 마찬가지다.

이 모든 게 우리 헌법이 규정하는 사회적 기본권, 즉 사회권의 범위 안에 있으며, 이는 궁극적으로 우리의 인간다운 삶을 지키기 위한 국가의 약속이다. 사회권은 이를 유린당하고 있는 우리의 청춘을 붙들어줄 기둥이며, 인간다움을 지켜줄 보루다. 이 정당한 권리를 가로막는 주체가 국가든 특정 세대든 간에 배려나 양보를 기대하지 못한다면 저항의 시늉이라도 해야 한다. 저항은 당사자가 할 때 가장 힘이 세다. 내가 아닌 다른 누군가가 나를 대신해 싸워주지 않는다.

앞서 우리는 386세대의 미필적고의를 지적하고 이로 인한 가해자성을 인정할 것을 요청했다. 그렇다고 386세대의 전면적 퇴장을 주장하는 것은 아니며, 그것이 가능하리라 믿는 것은 더더욱 아니다. 다만 '너희는 아직 준비가 덜 됐다'는 낡은 레퍼토리를 이제는 그만두어야 할 때라는 것을 인정해야 한다.

작가 말콤 글래드웰(Malcolm Gladwell)은 캐나다 아이스하키 선수 상당수의 생일이 1월에서 3월 사이에 몰려 있는 이유를 연초에 태어난 어린이들의 체격적 유리함이 시합을 뛸 기회로 이어지고 이 기회가 연속 재생산되어서라고 설명했다(Gladwell, 2008/2009).[118] 대한민국의 386세대는 하키 선수들처럼 시기를 잘 타고난 세대임을 우리는 앞에서 살펴봤다.

저성장이 고착화되고 경쟁의 단위는 국제적이 되면서 시대의 운을 기대할 수 없는 데다 양극화마저 심해져 개인의 노력만으로 사회구조적 한계를 뛰어넘기 어려운 시대를 386 이후 세대들은 살아내고 있다. 그럼에도 불구하고, 게임의 틀 자체가 변하고 있다. 국경이 무색해지고, 국가의 번영만큼이나 개인의 행복이 중요하며, 로봇과 인공지능이 사람을 언제 어떻게 대체할지 긴장을 놓을 수 없는 시대다. 전에 없던 세상이 펼쳐지고 있다. 변화된 게임을 누가 더 잘 운영할지는 현재의 게임 주도자가 판단할 수 없다.

어떤 게임 주도자들은 규칙을 문제 삼는 이들의 입을 막을지도 모른다. 현재의 규칙은 현재의 기득권에게 유리하게 적용되기 마련이다. 명문화된 규칙에 어긋나지 않으면 상식, 양심, 염치와 같은 도덕은 낄 자리가 없다.

여러 번 입이 막혀본 초심의 게임 참가자들은 게임판을 바꾸자고 요청하기보다 안정된 게임 속에서 한발 전진하는 게 목표가 되기 일쑤다. 많은 사람이 앞에서는 '내가 김용균이다'라는 구호를 공유하지만 뒤에서는 '나는 김용균이 되고 싶지 않다'고 생각한다. 비정규직 노동자라도 살 만한 세상이 아니라 정규직만이 답인 세상에 각자를 맞춰간다. 그렇게 게임판은 나날이 낡아갔다. 낡은 게임판의 주인공이 될 것인가, 새로운 게임판의 조력자가 될 것인가를 386세대는 스스로 물어야 한다.

대한민국은 후퇴하고 있다. 고등학교 성적이 개인의 미래를 결정하는 나라, 도전했다 실패하면 인생 낙오자가 되는 나라, 부모의 경제력이 자식의 기회를 결정하는 신분세습의 나라, 노동이

멸시되고 돈이 추앙받는 나라, 나라의 부는 커졌지만 나라에 대한 신뢰는 뒷걸음질 치는 나라가 현재 대한민국이다. 386세대가 꿈꿨던 대한민국이 이런 모습은 아닐 것이다.

우리 각자가 게임체인저가 된다면, 조금은 나은 세상이 펼쳐지지 않을까. 그 게임체인저는 특정 세대가 주도해선 안 된다. 60년대생이 물러난 자리를 70년대생이 차지하는 것을 넘어 모든 세대가 각자의 임무를 하고 함께 이익을 나누는 형태여야 한다. 세대를 아우르는 팀플레이가 이루어져야 한다.

평등하고 공정하며 정의로운 세상은 30여 년 전 386세대가 눈물 흘리며 바랐던 그 세상과 다르지 않다. 그들이 바랐던 혁명이 아직 매듭지어지지 않은 현재 진행형이라면, 세대 독점의 해소는 비록 늦었지만 혁명의 완결로 가는 길일 수 있다. 이제는 혁명의 열정을 뽐내는 주체가 아니라 염치와 배려의 미덕을 풍기는 혁명의 지원군으로서 말이다.

정치 386과
운동권 도시빈민 사이에서

— **우석훈** 경제학자, 『88만원 세대』 공저자

왜 지금 386인가

●○○

김정훈, 심나리, 김항기, 세 저자의 책을 보고 간만에 심장이 뛰는 것을 느꼈다. 드디어 올 것이 온 건가?

현 정권은 누가 뭐래도 386 혹은 586, 이름이야 뭐가 됐든, 80년대가 만들어낸 바로 그 사람들의 정권이다. 좁게 보면 87년 6월항쟁, 좀 넓게 보면 전두환과 싸웠던 사람들, 그들의 정권이다. 지금까지의 한국 사회는 유신세대, 70년대의 박정희를 좋아했던 사람들과 80년대에 전두환을 싫어했던 사람들과의 전쟁 양상을 띠었다. 2007년 대선은 유신 세력의 압승이었다. 2012년 대선은 당시 50대들의 결집으로 겨우겨우 유신파가 이겼다. 그리고 2017년 5월 대선에서 새로 50대가 된 386은 압승을 했다. 친(親)유신, 반(反)전두환, 한국은 이렇게 세대별 성향으로 분석할 때가 예측력이 아주 높다.

70년대에서 80년대에 사회의 향방을 놓고 벌어진 이 오래된 갈등은 21세기에 오히려 더욱더 영향력이 커지고 있다. 적어도 지금까지는 그렇다. 이 갈등은 좀 넓게 틀을 잡고 보면 한국식 진보(뭐가 진보인지는 잘 모르겠다)와 한국식 보수(도대체 성조기를 흔드는 외국 보수를 본 적이 없다!)의 이념 전쟁처럼 보인다. 그러나 개개인의 삶을 중심으로 보면 먹고살고 승진하기 위한 개인들의 처절한 생존 투쟁 이상으로 보이지는 않는다. 그러나 이 싸움은 아무리 강렬해도 별로 새롭지는 않다. 70년대와 80년대에 기원을 둔 과거 회상적 전쟁이기 때문이다. 그리고 그 어느 쪽이라도, 소수의 승자가 많은 것을 차지하게 되어 있다. 20대로서는 자기의 게임도 아니고, 재미도 없다.

10년간의 처절한 사회적 전쟁의 결과, 한국의 60대 주류는 태극기로 상징되는 극우파 세력으로 축소되었다. 그리고 30대에 이미 여러 사회 분야에서 두각을 나타낸 지금의 50대, 그리고 그 핵심에 있는 386은 바야흐로 인생의 절정을 맞고 있다. 한국이 50대에서 인생의 클라이맥스를 맞도록 설계된 사회라서 그런가? 젊은 세대는 누리지 못하는 종신고용제와 연공서열제가 결합한 특수한 상황이 만들어준 절정이다. 연공서열제의 효과를 온전히 누린 집단은 지금의 50대와 60대 정도다. 그 뒤로는 종신고용이 보장되는 직장 자체가 줄고, 임금피크제가 도입되면서 클라이맥스 시점 자체가 다르다. 게다가 비정규직의 전면화 때문에 20~30대가 살아가야 하는 경제 여건은 이전과는 상당히 다르다.

지금까지 경제 발전의 수혜를 본 유신세대와 386이 서로 경쟁하며 견제하던 시기였다면, 이제 그 축 가운데 하나가 사실상 붕괴한 상태다. 좁은 의미든 넓은 의미든, 80년대 대학을 다녔고, 운동권이었고, '엘리트' 역할을 했던 386은 위쪽으로부터 견제를 받고 있었다. 진보와 보수의 갈등이라고 말하는 것의 상당 부분은 이념적이라기보다는 문화적인 경우가 더 많았다. 박정희를 좋아하거나 전두환을 싫어하는 것이 정치적 성향을 만들 수는 있지만, 그 자체로 엄청나게 이념적이고 정치적이라고 하기는 어렵다. 문화적인 속성이 강하다. 그러나 위쪽에서 생겨나던 견제가 사실상 사라졌거나 사라져가는 지금, 아래쪽에서 견제의 힘이 생겨나는 것은 당연하다.

물론 지금까지 386에 대한 사회의 여러 가지 비판 혹은 비난이 없었던 것은 아니다. 그러나 단편적이거나 감정적일 때가 많았다. 그리고 이전까지의 50대 운동권 엘리트, 통칭 386이라고 불리는 사람들의 폐해는 예상치였다. '그들은 아마도 이렇게 할 것이다'라는 식의 예상에서 크게 벗어나지 않았다. 이제 상황은 달라졌다. 우리 사회에서 386은 맨 위에 올라섰다. 아직 정점도 아니다. 앞으로 10년이 될지, 20년이 될지, 한국 사회에서 최고

의사결정권자의 위치에 서게 될 것이다. 그들에 대한 본격적인 견제의 시작이, 바로 이 책이 갖는 의미라고 할 수 있다. 누가 하더라도 해야 할 일이다. 우리 모두를 위해서 비판이건 비난이건, 그 견제는 이르면 이를수록 좋다.

386만 꼭대기에 있는 '나쁜' 대한민국

● ○ ○

나는 386이 아닌가? 물론 맞다. 초기에 386은 과거 김대중 대통령을 따라 국회에 들어간 전대협 의장 등 민주당에 수혈된 국회의원들을 의미했다. 그렇지만 시대가 흐르면서 80년대 학번 운동권 엘리트 집단 전체를 지칭하는 말이 되었다. '백만 청년학도'라는 표현을 쓰던 시절이었다. 요즘 눈으로 보면 말도 안 되는 얘기지만, 그 시절에는 대학생이라는 것만으로도 사회 엘리트로 보았다.

1980년 대학진학률은 27.2%였고, 1990년은 33.2%였다. 그 시절에 대학생이 좀 더 늘어나면 세상이 좋아질 거라는 얘기도 했었고, 우리가 사회에 나가면 한국이 좋아질 거라는 얘기도 했던 것 같다. 굉장히 단순한 생각인데, 그걸 안토니오 그람시(Antonio Gramsci)의 '헤게모니 이론'으로 포장하기도 했었다. 지나고 보니까 대학진학률이 80%에 육박하는 변화가 생기기도 했고, 또 그 시절의 친구들이 이제는 높은 자리에 가고 유명한 사람들이 되었다. 그래서 세상이 좋아졌는가? 저자들이 지적하듯, 한국은 강력한 토건 국가가 되었고, 집 몇 채 사는 게 삶의 지혜인 세상이 되었다. 영어교육을 위해 자녀들의 혀 수술을 시키고, 원정출산과 기러기 아빠를 낳은 조기유학 같은 교육 풍토가 유행하게 된 것도 386이 부모가 되던 시기의 일이다. 대한민국은 두고두고 물려주고 싶은 '좋은 나라'가 아니라 '헬조선'이라는 단어 말고는 표현할 길이 없는 '나쁜 나라'가 되었다.

물론 이 모든 것이 386만의 잘못은 아니다. 일부는 군사정권의 폐해에서 비롯되었을 것이며, 일부는 '조중동'으로 대표되는 보수언론의 설계가, 그리고 일부는 경직된 사회문화가 발원지일 것이다. 그렇지만 이 모든 잘못에서 386이 비켜 갈 수 있을까? 386이 전성기를 누리는 지금뿐 아니라 앞으로 한국 사회는 좋아질 것인가? 이 질문에는 회의적일 수밖에 없다는 데서 386에 대한 비판을 시작하면 좋을 것 같다.

슬픈 얘기지만, 우리는 군인들과 싸웠다. 전투경찰이 본진을 짜면 사복경찰인 백골단 체포조가 사과탄을 들고 뛰어다녔다. 군인들과 싸우면서 대학생들도 진을 짜고 진법을 운용했다. 공격능력이 없는 본대를 수비하는 사수대를 만들었고, 본대와 백골단 사이의 거리를 벌려놓기 위해 돌도 던지고 화염병도 던졌다. '교문 돌파'와 '가두 투쟁'이라는 거창한 목표를 내걸었지만, 실제로 교문을 통과해서 나간다고 해봐야 할 것도 별로 없고, 갈 데도 없었다. 돌을 나르는 보급부대, 나중에 젠더 감수성 문제로 엄청나게 욕먹게 되는 남학생과 여학생 사이의 기묘한 분업이 있었다. 이건 눈에 보이는 거고, 눈에 보이지 않는 곳에서는 이런 집회를 조직하는 공개 그룹인 학생회와 그 뒤에 분파로 만들어지는 '언더'의 비밀조직들이 존재했다. 우리는 군대와 싸우면서 군대와 다를 게 없는 조직 방식을 운용했다. 이게 내가 생각하는 80년대의 비극이다. 학번에 따른 선후배 사이의 철저한 위계와 상명하복, 보안을 위해 발달하게 된 극도의 비밀주의, 게다가 학벌에 따른 지도부 구성, 이게 군대와 다를 게 무엇인가?

이런 점에서 386은 프랑스나 독일의 68세대와 형태는 유사해 보이지만, 실제 양상은 조금 달랐다. 베트남 반전운동으로 촉발된 68혁명은 결국 모든 것에 대한 거부가 되었다. 명확히 지도부도 없었고, 통일된 구호도 없었다. 억지로 공통성을 찾으라면 "상상하라" 정도? 여성들은 낙태권을 비롯한 여성의 권리를 위해서 거리로 나왔다. 실제로 정권을 항복하게 만든 결정적 계기를 만든 것은 대학생이 아니라 고등학생이었다.

68혁명 이후 프랑스는 1969년 고등교육기본법을 제정하면서 대학 평준화와 국유화를 이룬다. 그 후 유럽의 국가들은 대학을 서열 없는 국립대 체계로 전환한다. 반대로 한국은 87년 이후로 대학 서열이 더 강화된다. 우파 엘리트들만 좋은 학교에 들어가려고 용을 쓰는 것이 아니다. 운동권도 자식들을 좋은 학교, 아니 외국의 좋은 학교에 넣으려고 생난리를 친다. 군대식 서열이 대학식 학번과 학벌로 확대 재생산된다.

지금 386을 견제할 다른 세력은 없는가

●○●

90년대가 되면서 문화적 흐름이 좀 바뀌었다. 1990년에 대학을 들어온 학생들은 소주를 거부했다. 시작부터 그들은 뭔가 좀 달랐다. 드라마 〈응답하라 1994〉에서 나정이나 〈응답하라 1988〉의 덕선이 또래가 그랬다. 굳이 상징을 찾자면 서태지를 '문화 대통령'으로 만들었던 바로 그 사람이라고 할까? 최초로 배낭여행을 가기 시작했고, 공부 말고 삶의 다른 데서 가치를 찾는 게 멋있어 보였던 것 같다. 공무원 되기를 우습게 생각했던 시기였다. 아마 그들이 그 상태로 사회에 진출할 수 있었다면 '다양성 1세대' 같은 게 되었을지도 모른다. 1997년 IMF 외환위기는 한국만이 아니라 이들의 인생도 바꾸어놓았다. 드라마 속 나정이와 쓰레기의 연애에 결정적 장애가 된 것도 그 때문이었다.

이 책에서는 윗세대들이 구조조정을 당하면서 막 취업한 386들이 조직에서의 영향력을 높이게 된 계기로 IMF 외환위기를 꼽는다. 그럴 수도 있다. 그렇지만 더 큰 효과는 아직 사회에 들어오지 않은 90년대 사람들에게 던져진 문화적 충격일 것이다. 잠시 펼쳐진 청춘의 낭만 시대는 끝났다. 1998년을 경계로 이전에 취업한 사람과 이후에 취업한 사람의 경제적 운명은 같지 않다. 대기업은 이때 구조조정만 한 것이 아니라 노무관리를 본격적으로 도입했고, 이후 세대는 새롭게 재편된 아주 빡빡한 노동구조에 편입되었다.

70년대생들은 '다양성 1세대'로 한때 찬란한 조망을 받았던 것과는 달리, 녹록지 않은 경제적 삶을 치열하게 살아야 했다. 지금의 40대는 '88만원 세대'라 불린 그 아랫세대와 같이하기에는 아직 힘이 없었고, 위로는 386들의 '우리끼리'라는 무시무시한 장벽에 가로막혀, '서태지를 좋아했던 사람들'이라는 정체성 외에는 특기할 게 생기지 않았다. 만일 이들이 좀 더 빠르게 대규모로 약진했다면 '늙어가는' 한국 경제가 나아졌을지 모른다. 우리나라로서는 이들이 별도의 다양성을 가진 그룹이 되는 게 나을 것 같지만, 그건 어디까지나 위에서 내려다본 조감도일 뿐이다. 개개인의 현실로 가면 '형님' 혹은 '선배님' 하면서 386의 막내가 되는 편이 낫다. 더럽고 치사하고 아니꼽지만, 방법이 있는가? 필요에 따라 386은 약간 더 나이 많은 그룹으로 확장되고, 때때로 70년대생까지 확대된다.

40대가 능력이 없어서가 아니다. 데이비드 캐머런(David Cameron)은 39세에 영국 보수당 당수가 되어 13년 만에 정권교체를 이루고 40세 총리가 되었다. 프랑스, 캐나다 등 40대 국가수장이 나타나는 것은 이제 이상한 일도 아니다. 40대 장관은 물론 30대 장관도 더 이상 뉴스거리가 아니다. 그런데 한국은 70년대생들이 장관 되고, 총리 되고, 대통령 되는 것이 술자리 농담으로도 불가능한 사회다. 이게 계급 현상인가? 20대의 지체된 사회 진출, 30~40대의 지체된 정치 진출은 전형적인 세대 현상이다. 나이로 서열을 만들고, 나이 중심으로 움직이는 사회가 형성

되었기 때문이다.

　김종필이 총리로 한국을 설계하고 만들던 때가 그의 나이 40대였다. 김종필 정도의 지혜와 학식을 갖춘 40대가 한국에는 없는가? 그럴 리 없다. 40대 보수당 총수 캐머론을 밀던 영국의 보수당은 노동당에 맞서 도저히 방법이 없으니까 확 젊은 지도자로 나이를 낮춘 것이다. 진보든 보수든, 한국이 그렇게 하지 않는 것은, 다들 아직 그나마 버틸 만하기 때문이 아닐까? 새삼스럽게 젊은 세대를 발굴하는 것도 그냥 '줄을 서시오', 지금처럼 하는 게 그들에게는 더 안정적일 수 있다.

68세대라는 반면교사

●○○

　프랑수아 미테랑(Francois Mitterrand)은 1981년부터 14년간 프랑스의 대통령이었다. 그는 비슷한 시기에 집권했던 철의 여왕 마거릿 대처(Margaret Thatcher)와 미국의 로널드 레이건(Ronald Reagan)은 물론 러시아의 미하일 고르바초프(Mikhail Gorbachev)까지 모두 물러난 뒤에도 대통령이었다. 미테랑이 집권한 시기에 68세대 그리고 초기 노조 간부들은 전성기를 맞는다. 초기 프랑스 노조 조직화의 영웅이었던 피에르 베레고부아(Pierre Eugène Bérégovoy) 총리는 1993년 권력 암투에 내몰려 결국 권총 자살로 생을 마감한다. 나는 이 사건이 좌파 내에서 내부 경쟁이 극한으로 가면 어떤 일이 벌어지는지 보여준다고 생각한다. 사회당이 아름답던 시기는 이렇게 저물어가고 있었다. 최근의 프랑스 사회당은 몰락해서 대선 결선투표까지도 못 올라간다.

『88만원 세대』를 쓸 때는 부패하고 몰락하게 된 프랑스의 68세대, 나치 시절에 10대를 보낸 독일의 그림자세대, 그리고 '덩어리'로만 지칭되었던 일본의 단카이세대를 많이 참고했다.

냉전이 한참이던 80년대 집권에 성공한 프랑스의 68세대와 지금의 386이 어느 정도는 유사한 점이 있다. 세계적으로 냉전은 사라졌지만, 남북 간의 대치가 남아 있다. 무엇보다도 한국의 우파들은 냉전 활용 외에는 별다른 전략이 없는 것 같다. 보통 우파들이라도 위기 때는 자기 성찰이나 자기 혁신 같은 모습을 보이는데, 한국의 보수는 별로 그렇지 않다. 유신세대와 386 사이에서 유사 냉전처럼 지내면서 서로 덕을 본다. 양당 구조가 그런 속성이 있다. 프랑스 사회당처럼 한국 민주당이 14년간 갈지는 모르겠지만, 당분간 유사 냉전 구조에서 큰 외부 견제 세력 없이 권력 집중은 심해질 것 같다. 유사 이래로 집권 세력이 스스로 길을 비켜준 사례는 송태조 조광윤(宋太祖 趙匡胤) 외에는 본 적이 없는 것 같다. 386은, 글쎄? 자기들끼리 싸우다 물러나지, 먼저 길을 비켜줄 것 같지는 않다. 박정희의 후광으로 집권했던 유신 세력이 그렇게 하다가 '20년은 갈 것 같은 정권'을 말아먹었다.

386의 독주나 번영에 개인적인 감정이 있어서가 아니다. 유신 세력이 힘쓰는 것보다는 낫지 않느냐고? 조중동을 축으로 하는 보수 세력의 반동적인 정책보다는 낮지 않느냐고? 물론 그렇기는 하다. 그런데 그게 다일까? 그러면 우리나라가 잘살게 되는 것일까? 그렇게 보이지는 않는다.

20세기의 박정희를 찬성한 사람과 전두환을 반대했던 사람 사이에서 펼쳐진 대혈전이 21세기로 무대를 옮겨온 모습이 너무 식상해서 21세기 같지 않다. 무엇보다도 한국은 386과 함께 직장 민주주의 등 이미 이뤘어야 하는 많은 사회적 과정을 생략하고 여전히 위계적 사회질서를 유지한다는 점을 생각해봐야 한다. 21세기에 학번 찾고, 기수 찾고, 출신 학교를 찾고 있다. 도대체 이게 뭔가?

386, 공성에서 수성으로
● ○ ○

세대 분석에는 크게 두 가지 방법이 있다. 하나는 특정 연령대 전체를 한 세대로 잡는 방법이고, 다른 하나는 엘리트나 혹은 특이 성향을 보인 특정 그룹을 세대로 잡는 방법이다. 386세대는 세대 내 특정 엘리트 집단을 분석하는 후자의 방식을 따른다. 일본에서 2000년대 데뷔한 문화계 인사들을 대상으로 '제로세대'라 부르는 것과 같다. 그런데 이 책에서는 386세대를 특정 엘리트 집단을 넘어 공통의 문화와 정체성을 공유하는 집단으로 확대하고 있다.

누군가는 억울할 것이다. '그들'과는 다른 삶을 살겠다고 선 긋기에 온 삶을 바친 사람들에겐 억울한 일일 수 있다. 내 주변에는 여전히 노동운동을 하면서 노동당 당원이거나 정의당 간부들이 많다. 혹은 90년대 중후반부터 시민운동 쪽에 투신해 별로 티 나지 않는 풀뿌리 민주주의 운동을 하는 사람들도 많다. 대부분은 도시 빈민으로 살아간다. 민주당 내부에서 '인사이더'로 줄을 잘 타고 간 일부를 제외한다면, 진짜로 활동가로 살아온 386 대부분은 그냥 도시 빈민이다. 이 책에서 규정하는 386세대라는 표현에는 그들도 포함된다. 억울하지만, 세대라는 분류 자체가 워낙 그렇게 '덤벙덤벙' 넘어가는 거라서 방법이 없다.

이렇게 제약이 많은 개념을 굳이 왜 쓰느냐고 반문할 수 있다. 국제연합(UN)은 자연을 '미래 세대에게 빌려온 것'이라고 정의한다. 환경의 미래 가치를 언급하자면 미래 '세대'라는 표현은 빼기 어렵다. 노벨경제학상을 받은 폴 새뮤얼슨(Paul Samuelson)의 세대 중첩 모델은 세대 간 부(富)의 이전을 다룰 때 핵심적인 모델이다. 불편해도 그 용도가 있으니까 쓰게 되는 것이 세대 개념이다.

좁게 정의된 386은 지금까지는 공성의 입장이었다. 그람시의 헤게모니 이론처럼 세상을 조금 더 낫게 만들기 위한 노력이었든 개인의 영광을 위한 이용이었든, 지금까지 386들은 공성(攻城)의 시대를 살았다. 과거와 보수를 공격하고 새로운 자리를 만들었다. 그리고 이제는 수성의 시대다. 이 책에서 좀 더 넓게 정의된 386은 이제 '수성(守城)'의 시대를 살아야 한다. 1987년 전두환이 공고하게 세워놓은 '호헌(護憲)'의 성을 무너뜨리는 것에서 시작한 공성의 시대가 문재인 정부와 함께 이제는 수성의 시대가 되었다.

이 수성은 전면전이다. 부장과 이사들을 향한 직원들의 반발과 같은 기업 내 문제에서 방송국 등 언론과 문화 영역까지 거의 전 영역에서 이미 자신의 성을 나름대로 쌓은 386과, 발붙일 최소한의 교두보라도 필요한 그 아랫세대가 벌이는 이 수성전의 영역은 전면적이다. 어쩌면 군대를 제외한 거의 모든 분야일지도 모른다. 386이 군대에서 뭔가 공을 세우고 출세했다는 얘기는 들어본 적이 없다. 그리고 마지막으로 공성전이 벌어지는 유일한 분야가 종교 특히 개신교 영역일지도 모르겠다.

이 수성전은 지루하면서도 '더러운 전쟁'의 양상을 띨 확률이 높다. 밖에서는 온갖 좋은 얘기 다 하고 와서 안에서는 황당한 '갑질'을 일삼는 부장이나 전무 같은 간부부터, 언론과 문화 영역 등 수많은 이중 잣대를 가질 수밖에 없게 된 각 영역에서 벌어지는 전쟁은 그야말로 진흙탕 싸움이 될 것이다. 억울할까? 억울할지도 모른다. 그러나 수성전이라는 게 원래 그렇다. 최순실로 형상화된 바로 앞의 권력자들 처지에서 보면 그들도 '더러운 전쟁'의 희생자일 수 있다.

어쩌면 한국의 '메인 스트림'은 대기업 영역을 비롯해서 여전히 공고할지도 모른다. 그리고 지금 이제 막 50대가 된 386이

누리는 권한과 권력이라는 것은 그들에 비하면 아주 쥐꼬리만 한 것일 수도 있다. 그러나 우리가 정말로 생각해야 할 점은 한국을 개혁할 것인가 아닌가다. 만일 '개혁'을 입으로만 떠들며 적당히 안주하려 한다면 이 세대 전쟁은 아주 더러운 양상으로 전개될 것이고, 서로에게 돌이킬 수 없는 내상을 입힐 수도 있다.

다행히도 아직 기회는 있다. 지금 386은 이 수성전의 맨 앞에 서 있을 뿐이다. 한국의 청년 문제 등 386이 의도해서 잘못된 일은 아직 많지 않다. 이미 그전에 생겨난 구조에서 나온 것이고, 기껏해야 실무자 혹은 중간관리자 시절에 더 적극적으로 개입하지 못했거나, 보아도 못 본 척한 미필적고의 이상을 묻기 어렵다. 그러나 지금부터는 다르다. 권력의 중심부에 점점 더 가까워지는 이제부터는 '왜 이 지경이 되었나'라는 시대의 질문 앞에 서게 될 것이다. 이제는 386의 시대다. 사태가 심각해지기 전에 386 스스로가 바로잡거나 혹은 바로잡을 사람들에게 힘을 실어 줘야 한다.

유신세대가 50대가 되었을 때와는 다르다. 그들은 강력한 라이벌인 386이 바로 뒤에 있었다. 조직에서 때로는 협력하고 때로는 갈등하고, 때로는 경쟁하는 위치에 있었다. 1987년 6월항쟁 이후 늘 부딪히던 두 집단의 게임은 시간의 흐름에 따라 386의 시대로 전환되었다. 이들을 견제할 다음 세대는 아직 없다. 이 386의 수성전은 처절할 것이고, 때로는 아주 야비할 것이다. 시대의 맨 앞에 서는 일은 그런 것이다.

다양성이 '젊은 한국'을 만든다

●○●

21세기 이후 주로 세대 문제에서 한국 사회가 관심을 가졌던 것은 청년 문제였다. 다른 건 몰라도 거기 경제적인 문제가 분명하게 존재했기 때문이다. 계급 문제가 모든 문제에 우선한다는 구좌파의 공식에 따라 젠더 문제나 식민지 문제 혹은 지역경제의 문제가 덜 중요하게 간주된 것처럼 과거엔 청년 문제도 후순위였다. 안 본다고 해서 문제가 안 생기는 것이 아니므로 청년 문제에 대해서 꾸준하게 지적들이 생겨났다.

지금부터 전개될 386세대에 대한 호명은 청년 문제와는 양상이 다르다. 그들이 너무 강해서 생기는 문제고, 너무 두려워서 생기는 문제다. 다른 분야는 몰라도 정치 분야에 진출한 386은 뒤에서 하는 협작도 잘하고, 모사도 잘한다. 워낙 잘 뭉쳐서, 다른 집단이 보기에는 두려울 정도일 것이다. 영화 〈놈놈놈〉의 비유를 들자면, 지금의 386은 '좋은 놈'에서 '이상한 놈'을 거쳐 '나쁜 놈'으로 그 위상이 변하는 중이다. 원래 권력이 그렇기도 하지만, 80년대의 군사문화가 만들어낸 위계적 문화는 청년들과 만나면 파열음을 더욱 증폭시키기도 한다.

억울한 점도 있으리라 생각한다. 주 52시간 근무 때문에 난리가 난 한국에서 386들은 지금 주요 관리자들이다. 죽어라 일했던 386의 세계관은 이제는 뒤떨어진다. '우리 때는' 같은 낡은 레토릭을 쓴다면 처음에는 '이상한 놈'으로 보이지만 반복하면

'나쁜 놈'이다.

김정훈, 김항기, 심나리, 세 사람의 책이 갖는 의미는 지금까지 보수의 시각에서 나왔던 386 비난과는 달리, 진보 내부에서 나왔다는 점이다. 아마 이런 시도는 점점 늘어날 것이다. 386에 대한 힘의 집중은 점점 더 심해질 것이고, 아마도 그중에서 대통령이 나온다고 해도 그 집중이 스스로 완화되지는 않을 것 같다. 세력으로서는 이제 한국에 남은 게 별것 없다. 최악의 시나리오는 3김 시대가 결국 두 사람이 대통령을 하고 나서야 종료된 것처럼, 386 시대가 그들끼리 돌아가며 마지막까지 버티는 것 아니겠는가.

사실 대통령이야 누군가 될 거고, 권력도 누군가는 가지게 될 것이다. 그게 누군들 무슨 상관이냐고? 사실 크게 보면 별 상관 없다. 현재 민주당이 딱히 진보적인 정권도 아니고, 엄청난 변혁을 준비할 것 같지도 않다. 한국 경제라는, 이제는 결코 그 크기가 작지 않은 거대 시스템의 미세 조정 정도가 그들이 할 수 있는 거의 전부가 아닐까 싶다. 냉정하게 말하면 누가 권력을 갖건 그 자체로 엄청나게 달라지진 않는다. 정의, 형평성, 공평, 이런 사회적 기준으로만 보면 그럴 수도 있다.

그렇지만 한국 경제의 노화, 늙어가는 경제 시스템의 눈으로 보면 좀 다르다. 그리고 21세기적 경제 가치인 다양성이라는 측면에서 보면 사태가 좀 더 심각해 보인다. 한국 경제는 전형적인 '늙은 경제'의 모습을 보여주고 있다. 그리고 청년들의 사회적 데 뛰는 점점 더 지체되고, 이건 출산율 저하라는 또 다른 문제로 드러난다. 몇 년 전 '헬조선'의 눈총이 유신세대에게로 갔다면, 이제는 386에게 갈 차례다. 유신세대든 386이든, 획일성과 집중이라는 측면에서 보면 크게 다르지 않다.

자, 그럼 해법은 뭘까? 쉬워 보이지는 않지만 결국에는 다양성이라는 방향이 거의 유일한 해법이 아닐까. 과잉·과소 대표의 해소와 지역·세대·젠더 등의 변수를 다양하게 만들어내는 것이 지금으로서는 가장 부드러운 방법이다. 386이 무슨 정당도 아니고, 하다못해 서로 모여서 논의하는 그룹도 아니다. 나가라고 해봐야 내보낼 방법도 없다. 더 큰 샐러드 그릇에 담아 한 맛만 지나치게 나서 20세기 요리처럼 보이지 않게 하는 것이 가장 부드러운 방법이 아니겠는가. 지금은 거의 사회 전 부문에서 만들어내는 샐러드 맛이 다 똑같다. 386 향신료가 너무 강해서 그런 것이 아니겠는가.

쉐킷쉐킷, 좀 섞기도 하고, 취향에 안 맞는 재료는 잔뜩 덜어내기도 해야 한다. TV에서 라디오까지, 지금 한국의 뉴스 논평이나 뉴스쇼 같은 것들은 마치 거대한 '나꼼수(《나는 꼼수다》 시사 팟캐스트)'와 같다. 다르게 보고, 다르게 생각하면 안 되는가? 386과는 다른 취향과 선호를 가지면 안 되는가? 획일화된 사회는 재미도 없지만 효율적이지도 않다.

부디 『386 세대유감』이 새로운 논의를 위한 첫 시금석이 되기를 희망한다. 힘이라는 건, 뭐든지 좀 적당해야 한다.

1부 | 축복받은 세대, 저주받은 사회

1 예영준. (1995-10-11). "공룡 가사 수정요구 '서태지' 비판 신곡 '시대유감'". 《중앙일보》, 42면. https://news.joins.com/article/3143579

2 황태훈. (1995-11-22). "서태지와 아이들 '학생에서 교수까지 다양한 팬이 우리의 힘'".《TV 저널》, 24~25면. http://www.seotaiji-archive.com/xe/?document_srl=44841&mid=magazine&sort_index=extra_vars9&order_type=desc (서태지 아카이브 내 자료 인용)

3 조병도. (1995-12-01). "4집 앨범 발간 후 공룡과 정면대결 벌이는 〈서태지와 아이들〉".《월간조선》, 498~510면. http://www.seotaiji-archive.com/xe/298323#comment_298332 (서태지 아카이브 내 자료 인용)

4 조현준. (1998-10-16). "노숙자 60% IMF 이후 실직-기혼자 대다수 가족해체".《연합뉴스》. https://news.naver.com/main/read.nhn?mode=LSD&mid=sec&sid1=102&oid=001&aid=0004339059

5 김재홍. (1998-10-24). "IMF 이후 10대 접대부 급증, 여대생 주부도 합세".

《연합뉴스》. https://news.naver.com/main/read.nhn?mode=LSD&mid=sec&
sid1=102&oid=001&aid=0004341420

6 최영미. (2014). 『청동정원』. 은행나무. 144쪽.

7 윤성민, 유성운. (2019-06-20). "이준석 '586은 금수저 꼰대' 우상호 '청년들 시대 도전을'".《중앙일보》, 8면. https://news.joins.com/article/23501492

8 도종환. (1998). 「운동의 추억」. 『부드러운 직선』. 창비.

9 우석훈, 박권일. (2007). 『88만원 세대』. 레디앙. 77쪽.

10 Schroeder, Alice. (2009). 이경식 옮김. 『스노볼: 워런 버핏과 인생 경영 2(*The Snowball: Warren Buffett and the Business of Life*)』. 랜덤하우스코리아. (원서 출판 2009)

11 1985년 소값파동 당시 수소 가격은 90만 원까지 내려간다. (1988-03-23). "소값파동의 주역".《중앙일보》. https://news.joins.com/article/2227921

12 정우성. (2015). 『목돈사회』. 에이콘.

13 류동희, 이종구, 김홍유. (2012). "한국 대기업의 채용패턴 변천과정과 시대별 특성 비교분석에 관한 연구: 1980년대 이후 삼성, 현대, LG, SK 중심으로".《경영사학》, 제27집 제4호(통권 64호).

14 노민선. (2017). "중소기업 임금격차 완화 및 성과공유제 활성화 방안". 2017년 춘계학술대회 발표자료. 한국중소기업학회.

15 백기철. (1999-09-09). "386 젊은피 '정치주력' 깃발".《한겨레》.

2부 | 민주화 공로자인가, 수혜자인가

16 서울대학교 홈페이지 내 "서울대학교 교사". http://www.snu.ac.kr/history #this

17 고영신. (1981-01-29). "해프닝 만발-전기대 입시".《경향신문》, 7면. https://newslibrary.naver.com/viewer/index.nhn?articleId=1981012900329207017&editNo=2&printCount=1&publishDate=1981-01-29&officeId=00032&pageNo=7&printNo=10871&publishType=00020

18 민주화운동기념사업회 사료관 오픈 아카이브. (1982-08-13). "부산 미

문화원 방화사건 공소장 및 재판기록". http://db.kdemocracy.or.kr/isad/view/00106621

19 SBS 뉴스특보. (2012-02-18). "노무현 대통령, 평검사 공개 토론". https://www.youtube.com/watch?v=XwVV8HA9Fd4 (유튜브 게시 영상자료에서 인용)

20 김지하. (1991-05-05). "죽음의 굿판을 당장 걷어치워라".《조선일보》, 칼럼 1면.

21 e-나라지표 내 취학률 및 진학률 자료 검색. http://www.index.go.kr/potal/main/EachDtlPageDetail.do?idx_cd=1520

22 이철승. (2010). "민주화 세대의 집권과 불평등의 확대".《한국사회학》, 제53집 제1호.

23 6월항쟁을기록하다 편집위원회. (2007).『6월항쟁을 기록하다(제1권)』. 민주화운동기념사업회.

24 박태균 외. (2017). "6월항쟁 30주년, 87년체제를 평가한다".《역사비평》. 역사비평사.

25《민중의 소리》사설. (1986). 민주통일민중운동연합.

26 조대엽. (2010). "1980년대 시민사회와 제한된 민주화의 기원: 1980년대 시민사회의 회고". NGO학회 2010년 광주특별학술대회 자료집.

27 Tilly, Charles. (1995). 진덕규 옮김.『동원에서 혁명으로(*From Mobilization to Revolution*)』. 학문과사상사. (원서 출판 1978)

28 성유보 외. (2017).『6월항쟁과 국본』. 민주화운동기념사업회.

29 신문명정책연구원장 장기표는 김대중내란음모사건, 청계피복노조사건, 민청학련사건 등 주요 민주화운동에 모두 참여한 재야인사다.

30 쳐보식. (2019-06-03). "박근혜에겐 최순실이 한 명, 문재인에겐 '최순실'이 열 명".《조선일보》, 27면.

31 전 민주화운동기념사업회 이사장 정성헌은 1964년 6·3사태를 주도했고 1970년대에는 가톨릭농민회에서 조직부장, 사무총장, 부회장 등을 맡았다.

32 이현택. (2011-04-04). "운동권 세력, 보상받을 만큼 받아".《중앙일보》, 22면.

33 배한철. (2007-06-08). "민주화 이끈 386세대 세계화 흐름에 걸림돌 안 돼야".《매일경제신문》.

34 조유식. (1995-03). "30대 차세대 대망론".《월간 말》.

35 Moore, Barrington. (1985). 진덕규 옮김.『독재와 민주주의의 사회적 기원 (*Social Origins of Dictatorship and Democracy*)』. 까치. (원서 출판 1967)

36 Therborn, Göran. (1977). "The Rule of Capital and the Rise of Democracy". *New Left Review*, I. p. 103.

37 Rueschemeyer, D. et al. (1997). 박명림, 조찬수, 권혁용 옮김.『자본 주의 발전과 민주주의: 민주주의의 비교역사 연구(*Capitalist Development & Democracy*)』. 나남출판. (원서 출판 1992)

38 한상진. (2018).『한상진과 중민이론』. 새물결.

39 민주화운동기념사업회. (2017). "6월민주항쟁 30주년 기념 시민의식종합조 사 결과보고서". 민주화운동기념사업회.

3부 | 헬조선과 386 전성시대

40 권복기. (2007-06-29). "전두환 정권이 그리운 단 한가지".《한겨레》.

41 (1981-01-29). "서울대 합격 평준화 두드러져".《동아일보》. https:// newslibrary.naver.com/viewer/index.nhn?articleId=198101290020920600 6&editNo=2&printCount=1&publishDate=1981-01-29&officeId=00020&p ageNo=6&printNo=18251&publishType=00020

42 최보윤. (2013-04-27). "대한민국 교육1번지 논술황제 군림했던 '유레카派' 리더 사노맹 출신 장민성씨… '우린 이렇게 무너졌다'".《조선일보》.

43 김의겸, 박주희. (2006-06-16). "김진경 전 청와대 교육비서관 '전교조, 교 사 이익만 대변'".《한겨레》.

44 김성수. (2017-02-13). "손사탐 시절 연수입 50억… 10대 때 청강한 청년 들에 20년 만에 '빚' 갚게 됐죠".《서울신문》.

45 이지선. (2008-10-16). "자사고 100개 생겨도 서열화될 것… 李정부 공급 논리가 사교육 시장만 키웠다".《경향신문》.

46 Demick, Barbara. (2002-03-31). "Some in S. Korea Opt for a Trim When English Trips the Tongue". *Los Angeles Times*. https://www.latimes. com/archives/la-xpm-2002-mar-31-mn-35590-story.html

47 나영필. (1999-10-08). "해외유학 내년 완전 자유화… 나이·송금 제한 폐지". 《매일경제신문》.

48 정성호. (2003-09-21). "갈수록 느는 '원정출산족'… 강한 비판 여론". 《연합뉴스》.

49 설훈 인터뷰. (2019-04-01). CBS 라디오 〈김현정의 뉴스쇼〉. https://www.nocutnews.co.kr/news/5127156

50 김형준. (2017). 「과잉교육경쟁의 역설: 386세대 중산층의 사례를 중심으로」. 서강대학교대학원 박사학위논문.

51 김해영. (2018-10-29). "서울, 고려, 연세대, 기초-차상위계층 6%, 고소득층 비율 46%". 더불어민주당 김해영 의원 국정감사자료. https://blog.naver.com/hykim0417/221387025975

52 조현탁. (2019-01-31). JTBC 드라마 〈스카이캐슬〉 기자간담회 중에서.

53 금융투자협회. (2014). "2014 주요국 가계 금융자산 비교" 보고서.

54 허완. (2012-07-23). "'아파트로 중산층 되던 시절 지났다' [릴레이 인터뷰] 박해천 홍익대 연구교수". 《미디어오늘》. http://www.mediatoday.co.kr/news/articleView.html?idxno=103901

55 저축은 주택은행으로 일원화되어 있었다.

56 1993년까지 주택자금의 대출한도는 주택의 규모나 실거래와 상관없이 국책은행인 주택은행이 제공하는 2,500만 원이 전부였다.

57 김경환. (2007). "특집: 외환위기 이후 10년; 전개과정과 과제: 외환위기 전후 주택시장 구조 변화와 주택정책". 《경제학연구》, 제55권 제4호. 369~399쪽.

58 손장권. (2003). 『신도시의 형성』. 백산서당.

59 Ansell, Ben. (2014). "The Political Economy of Ownership: Housing Markets and the Welfare State". *American Political Science Review*, 108(2), pp. 383~402.

60 정재우. (2015-09). "노동조합 고령화와 청년 취업자". 《월간 노동리뷰》, 9월호. 한국노동연구원. 53~63쪽.

61 이정미. (2016-09-20). "조선업 대형 3사 사망사고 중 78%가 하청노동자. 조선업, 위험의 외주화 극심". 이정미 의원 보도자료. https://www.leejm.co.kr/236

62 정경희 외. (2018). "2017년도 노인실태조사". 한국보건사회연구원.

63 통계청. (2019). "3월 고용동향 보고서".

64 국가인권위원회. (2018). "노인인권 종합보고서".

65 워크넷. (2015). "청년과 시니어의 구직 일자리 직종 비교".

66 이창곤, 김태경. (1998-11-18). "일자리 창출 '미봉' 대처".《한겨레》.

67 한국노동연구원. (1998). "1/4분기 노동동향 분석 보고서".

68 장지연 외. (2004). 『고령화시대의 노동시장과 고용정책 II』. 한국노동연구원.

69 이철승. (2018-12-10). 경제사회노동위원회 개최 정책토론회. http://www.eslc.go.kr/newsletter/201812/pdf/05_01.pdf

70 통계청은 2002년부터 매년 '경제활동인구조사 근로형태별 부가조사'를 실시하여 발표하고 있다. 2002~2006년까지는 8월, 2007~2016년까지는 3월과 8월 두 차례, 2017년 이후에는 다시 8월에만 조사가 실시되고 있다.

71 임용빈, 이기쁨. (2018). 『2003~2018 KLI 비정규직 노동통계』. 한국노동연구원.

72 박석철. (2013-07-21). "현대차 탐욕보다 부끄러운 건 담장 안 노동자 양심".《오마이뉴스》. http://www.ohmynews.com/NWS_Web/View/at_pg.aspx?CNTN_CD=A0001887938&CMPT_CD=R0200_mini

73 정재우. (2015). "노동조합 고령화와 청년 취업자".《월간 노동리뷰》, 9월호. 53~63쪽.

74 금속노조. (2018). "금속노조 조합원 세대별 현황 보고서".

75 이범연. (2017). 『위장 취업자에서 늙은 노동자로 어언 30년』. 레디앙. 31쪽.

76 양선아. (2019-03-25). "자녀 부정입학에 대학원생 동원한 '갑질 교수'".《한겨레》. http://www.hani.co.kr/arti/society/society_general/887294.html

77 김지은. (2018-01-19). "이낙연 총리, '여자 아이스하키 메달권 밖' 발언 사과".《한겨레》. http://www.hani.co.kr/arti/politics/administration/828534.html

78 원성윤. (2016-03-22). "법인카드로 방울토마토, 호박고구마 장 본 새누리후보".《허핑턴포스트》. https://www.huffingtonpost.kr/2016/03/22/story_n_9520110.html

79 YTN 취재N팩트. (2018-08-31). "이상한 함승희 법인카드 사용… 8750은 누가 썼나?".《YTN》. https://www.ytn.co.kr/_ln/0115_201808311312564139

80 이연주. (2018-12-02). "검찰나라의 3등 시민". 페이스북 페이지. https://www.facebook.com/100001982325673/posts/2056826471060077?s=1228255937&sfns=mo

81 강준만. (2011). 『룸살롱 공화국』. 인물과사상사. 7쪽.

82 마경희, 조영주, 문희영, 이은아, 이순미. (2018). "성불평등과 남성의 삶의 질에 관한 연구". 한국여성정책연구원 2018 연구보고서 27. 100~106쪽.

83 원다라. (2019-02-27). "'접대비' 이름 바꾸고 한도 상향하는 국회… '영세상인·기업 위해'". 《아시아경제》. http://www.asiae.co.kr/news/view.htm?idxno=2019022711322342309

84 이승현. (2018-12-27). "평화당, 접대비 상향법안 발의에 '접대주도 성장' 비판". 《이데일리》. https://www.edaily.co.kr/news/read?newsId=02361606619442784&mediaCodeNo=257

85 김원철. (2009-04-14). "술값 등 6조 날리며 '위하여'". 《국민일보》. http://news.kmib.co.kr/article/view.asp?arcid=0921256138

86 나경선. (2003). 한상진 엮음. 『386세대, 그 빛과 그늘』. 문학사상사. 246~253쪽.

87 위의 책, 246~253쪽.

88 Heisch, Allison. (1980). "Queen Elizabeth I and the Persistence of Patriarchy". *Feminist Review*, No. 4, pp. 45~56.

89 나윤경. (2004). "여성 연대를 향한 성인교육학적 시론: 여성지도자들의 명예남성성에 대한 여성주의적 방안". *Andragogy Today: International Journal of Adult & Continuing Education*, 7(4). pp. 49~73.

90 박돈규. (2019-01-26). "'중산층'이 사라진다 30년 전 국민 75% '난 중산층'… 올해엔 48%로 뚝". 《조선일보》. http://news.chosun.com/site/data/html_dir/2019/01/25/2019012501980.html

4부 | 미필적고의

91 김낙년. (2013). "한국의 소득분배". 《경제논집》, 제52집 제2권. 217~222쪽.

92 Acemoglu, Daron & James Robinson. (2012). 최완규 옮김.『국가는 왜 실패하는가(*Why Nations Fail*)』. 시공사. (원서 출판 2012)

93 최샛별. (2018).『문화사회학으로 바라본 한국의 세대 연대기』. 이화여자대학교출판문화원. 165쪽.

94 김효정. (2019-03-11). "'끼리끼리' 동질혼 시대-결혼이 낳은 계급 양극화".《주간조선》. 2548호. http://weekly.chosun.com/client/news/viw.asp?ctcd=C01&nNewsNumb=002548100001

95 송진식. (2018-10-27). "아파트에 살지 않는 사람들, '빌거'를 아시나요".《경향신문》. http://news.khan.co.kr/kh_news/khan_art_view.html?artid=201810271522001&code=940100

96 386세대취재팀. (1999-11-02). "한국의 주력 386세대(36)-'인간의 시대' 21세기를 꿈꾸며".《조선일보》, 40면. http://srchdb1.chosun.com/pdf/i_service/pdf_ReadBody.jsp?ID=9911024001

97 386세대취재팀. (1999-10-26). "한국의 주력 386세대(35)-'대의'를 위해 '나'를 던졌다".《조선일보》, 42면. http://srchdb1.chosun.com/pdf/i_service/pdf_ReadBody.jsp?ID=9910264201

98 고재열, 박근영. (2008-02-25). "반성은 필요하다. 그러나 물러설 때는 아니다".《시사인》, 제24호. http://old.sisain.co.kr/news/articleView.html?idxno=1288

99 국제통화기금(IMF). https://www.imf.org/en/Countries/KOR#countrydata

100 심나리 인터뷰. (2019-06-07).

101 심나리 인터뷰. (2019-05-15).

102 박형숙. (2010-06-11). "'20·40' 연합군, 이명박을 누르다".《시사인》, 제143호. https://www.sisain.co.kr/news/articleView.html?idxno=7580

103 이명원. (2010). "세대연합과 감정혁명: 386세대에서 촛불세대까지 은폐되거나 억압된 것들".《문화과학》, 제63권. 87~106쪽.

104 박찬욱 편. (2008).『제17대 대통령선거를 분석한다: 2007년 12월 19일 대한민국 '국민의 선택'』. 생각의나무. 217쪽.

105 이내영, 정한울. (2013). "세대균열의 구성요소: 코호트 효과와 연령 효과".

《의정연구》, 제40권. 37~82쪽.

106 고기정. (2015-05-11). "[데스크 진단]부모보다 못사는 세대".《동아일보》. http://news.donga.com/3/all/20150511/71167059/1

107 김의겸. (2011-03-15). "[한겨레 프리즘]왜 아직도 박정희인가?".《한겨레》. http://www.hani.co.kr/arti/opinion/column/468191.html

108 김정환. (2016-08-31). "유은혜, '조윤선, 20평형대 40평형대 아파트로 27억 5천 4백만 원 시세차익 거둬'".《노동일보》. http://www.nodongilbo.com/news/articleView.html?idxno=69087

109 이예진. (2016-05-24). "홍만표, 오피스텔 117채…'자금출처'조사". 《KBS》. http://news.kbs.co.kr/news/view.do?ncd=3284515

110 조영선. (2006-05-15). "두발규제에 침묵하는 386세대 학부모에게".《프레시안》. http://www.pressian.com/news/article/?no=80009#09T0

111 Kuhn, Thomas. (2013). 김명자, 홍성욱 옮김. 『과학혁명의 구조(*The Structure of Scientific Revolutions*)』. 까치. (원서 출판 1962)

112 Carroll, Lewis. (2010). 이소연 옮김. 『이상한 나라의 앨리스(*Alice's Adventures in Wonderland*)』. 펭귄클래식코리아. 211~212쪽. (원서 출판 1865)

113 이정규. (2019-02-18). "중증 이상 울분 느끼며 사는 한국인, 독일보다 6배 많다".《한겨레》. http://www.hani.co.kr/arti/society/society_general/882557.html

114 강성만. (2018-12-31). "칼럼집 '무명의 말들' 낸 역사학자 후지이".《한겨레》. http://www.hani.co.kr/arti/culture/book/876466.html

115 김예슬. (2010). "오늘 나는 대학을 그만둔다 아니 거부한다". http://www.nanum.com/site/act_manifesto/36564

5부 | 게임체인저의 등장

116 『태종실록』 1402년. "사간원의 건의로 공신전과 사사전의 수세법을 세우다". 국사편찬위원회 조선왕조실록. http://sillok.history.go.kr/id/kca_10202005_005

117 Seligman, M. E. P. (1972). Learned Helplessness. *Annual Review of*

Medicine, 23(1). pp. 407~412.

118 Gladwell, Malcolm. (2009). 노정태 옮김. 『아웃라이어(*Outliers*)』. 김영사. (원서 출판 2008)

386 세대유감
386세대에게 헬조선의 미필적고의를 묻다

초판 1쇄 발행 2019년 7월 25일
초판 2쇄 발행 2019년 8월 1일

지은이 김정훈 심나리 김항기 **해제** 우석훈
발행인 이재진 **단행본사업본부장** 김정현
편집주간 신동해 **편집장** 김수현
디자인 박진범 **교정교열** 남은영
마케팅 이현은 권오권 **홍보** 박현아 최새롬
국제업무 최아림 박나리 **제작** 정석훈

브랜드 웅진지식하우스
주소 경기도 파주시 회동길 20 웅진씽크빅
주문전화 02-3670-1595 **팩스** 031-949-0817
문의전화 031-956-7377(편집) 031-956-7567(마케팅)
홈페이지 www.wjbooks.co.kr
페이스북 www.facebook.com/wjbook
포스트 post.naver.com/wj_booking

발행처 ㈜웅진씽크빅
출판신고 1980년 3월 29일 제406-2007-000046호

ⓒ김정훈·심나리·김항기, 2019
ISBN 978-89-01-23336-9 (03340)